超圖解

英國史

History of the United Kingdom

從政經外交到藝術文化，
全方位了解大不列顛兩千年

島崎 晉——著　陳姵君——譯

序文

「請舉出十位從古代到現代，對人類歷史發展有深遠影響的英國名人——」

若被問到這個問題，你心目中的人選會是誰呢？舉凡王室、文學界、電影界、音樂界都可以，甚至是科學家、政治家或是虛構的人物也沒關係。

若湊不齊十人的話，五人也無所謂。只舉出三人、一人也無妨。

假如只想到一人，而此人的事蹟剛好收錄於本書時，就算只看這個部分也好，懇請讀者務必一讀。看完該人物的介紹後，順便再翻翻其他篇章。如此一來，內心肯定會受到「沒想到還有這麼了不起的人」的好奇心所驅使，而想再多讀一些。

本書大量網羅從古代到現代，出現在英國的了不起人士。其中亦包含了虛構人物，像是MI6情報員詹姆士·龐德、神探夏洛克·福爾摩斯、俠盜羅賓漢、亞瑟王等，這是因為他們比起實際人物還要有名之故。

讀者們亦可在閱讀過程中，針對英國歷史上的重大事件與關鍵字，例如工業革命、玫瑰戰爭、百年戰爭、議會政治等，去了解當中扮演革新角色的是誰？把抽絲剝繭當成是閱讀本書的樂趣。

大多數的人往往搞不清楚來自英國或歐洲的東西與來自美國的東西之間的區

別。無法做出區別，對日常生活並不會造成任何影響，只不過，相較於毫無概念，知曉某人物是哪一國人、某事物是源自哪個國家，更能讓自己對事物的想法與觀點深入，為今後的人生帶來幫助。學習新知是每一個人都該享有的權利，平白放棄不用，實在是太可惜了。

此外，閱讀本書肯定會重新體會到，在我們的日常生活中，英國文化其實隨處可見。諸如下午茶、在Pub喝一杯、看足球賽、園藝之類的休閒活動，以及賽馬、高爾夫、網球、橄欖球、拳擊、管家等，全都是發源自英國，抑或在英國發展後擴及全球。

期盼讀者能透過本書了解這些對人類文化多所貢獻並改變世界的偉人們，是在何種環境下成長、個人價值在何時以哪種方式獲得肯定，以及如何獲得成功？如果藉由本書知道這些，務請活用到未來的人生。

島崎　晉

Contents

超圖解英國史
從政經外交到藝術文化，全方位了解大不列顛兩千年

Chapter 7 大英帝國的繁盛與衰退

Contents 超圖解英國史

從政經外交到藝術文化，全方位了解大不列顛兩千年

凡例

・各章開頭所列出的年表含括了英國史、世界史與日本史，分別以黑字、紅字與藍字呈現。

・各人物檔案（標題下方）中的「出身」欄，主要記載該名人物的出生地。若出生地為英格蘭，則以括弧標記（「ENG」）、蘇格蘭為（「SCO」）、威爾斯為（「WAL」）。此外，若出生地為英國以外的地方，則以國名標示。

英國（大不列顛暨北愛爾蘭聯合王國）地圖

勒威克
謝德蘭群島
奧克尼群島
路易斯島
杜內斯
瑟索
維克
赫布里底群島
阿勒浦
伊凡尼斯
斯凱島
尼斯湖
亞伯丁
蘇格蘭
北海
威廉堡
丹地
歐本
伯斯
聖安德魯斯
大西洋
愛丁堡
格拉斯哥
英國
（大不列顛暨北愛爾蘭
聯合王國）
北海海峽
鄧弗里斯
倫敦德里
斯特蘭拉爾
紐卡斯爾
北愛爾蘭
卡萊爾
斯托克頓
奔寧山脈
惠特比
奧馬
內湖
貝爾法斯特
肯德爾
斯卡布羅
曼島
約克
巴羅
蘭開斯特
黑潭
普雷斯頓
里茲
布拉德福德
赫爾
愛爾蘭海
利物浦
曼徹斯特
雪菲爾
都柏林
霍利希德
諾丁漢
德比
黑斯堡
愛爾蘭
英格蘭
諾里奇
大雅茅斯
伯明罕
伊利
北安普頓
劍橋
威爾斯
華威
聖喬治海峽
菲什加德
牛津
聖奧爾本斯
倫敦
斯旺西
伊頓
泰晤士河
卡地夫
布里斯托
坎特伯里
溫莎
格林威治
布里斯托灣
巴斯
多佛
索爾茲伯里
南安普敦
布萊頓
英法海底隧道
樸次茅斯
加萊
艾希特
伯恩茅斯
多佛海峽
懷特島
普利茅斯
彭贊斯
英吉利海峽
海峽群島
法國
0
100
200km

Chapter

1

原住民布立吞人與羅馬帝國的統治

西元前80萬年	**相傳人類曾居住於不列顛。**
西元前4萬年	**現代人類從歐洲經由陸路抵達不列顛。**
西元前1萬4000年	日本進入繩文時代。
西元前3800年	**建造出最早期的巨石建築、土墩、土堤等。**
西元前3500年	在美索不達米亞形成城邦國家。
西元前3100年	**建造出第一座環狀列石。**
西元前3000年	**至西元前2500年，於蘇格蘭建造出石造聚落。**
西元前2550年	此時期埃及接連興建大型金字塔。
西元前2300年	此時期印度河流域誕生都市文明。
西元前2200年	**推估巨石陣於此時期開始建設。**
西元前2100年	**青銅器製法傳入不列顛島。**
西元前1400年	殷商於中國建朝。
西元前700年	**鐵器在不列顛島普及。**
西元前600年	摩揭陀國、拘薩羅國於印度建國。
西元前509年	羅馬展開共和制。

時代背景與概要

相傳距今大約500萬年前，人類誕生於非洲大陸。那麼，英國是在何時出現人類的呢？

其實人類在非洲大陸以外的最古老足跡，就是在英格蘭東部諾福克郡（Norfolk）的黑斯堡（Happisburgh）被發現的。據估約莫在80萬年前，他們的腳掌尺寸為25~26公分，因此可研判當時的人類身高已與現代人沒有太大的差別。

此腳印的主人在世時期，構成英國主要領域的不列顛島仍與歐洲大陸相連，直到西元前6000年左右才分離。

西元前4000年代開始有了農耕與畜牧。

在大批移民數度自歐洲大陸轉往不列顛島落腳定居的過程當中，亦發展出興盛的巨石文化。其中最具代表

KEY WORD

巨石陣（Stonehenge）

巨石陣的建造目的至今仍是未解之謎。除了用來觀測天象或作為祭祀場地之說外，近年來有學者主張，當時人們相信巨石具有神祕力量，藉此來療癒身心。也有一說認為此乃大規模的宴會會場。

作為人民集會場所的巨石陣（假想圖）

西元前500年	波希戰爭開打。
西元前400年	**開始在山丘上建築堅固的堡壘。**
西元前334年	亞歷山大三世遠征波斯。
西元前331年	於埃及建設亞歷山大港。
西元前317年	印度成立孔雀王朝。
西元前300年	日本進入彌生時代。
西元前264年	布匿戰爭開打。
西元前221年	秦始皇統一中國。
西元前55年	**羅馬將軍凱撒於此年與翌年攻打不列顛。**
西元前4年	耶穌誕生。
西元10～40年	**卡圖維勞尼人於英格蘭南部建立王國。**
西元30年	耶穌被處死。
西元43年	**羅馬皇帝克勞狄一世攻打不列顛島。**
西元51年	**布立吞人卡拉塔庫斯淪為羅馬俘虜。**
西元60～61年	**布狄卡所率領的愛西尼族引發叛亂。**
西元60年	羅馬組成前三頭同盟。

性的建築則是位於英格蘭南部的**巨石陣**，據推測應該是在西元前2200年至西元前1300年左右的900年間，陸陸續續建造而成的。

開始建造巨石陣的時期，幾乎與不列顛島的青銅器時代重疊。接下來的**鐵器時代**則有凱爾特人（Celt）的大舉遷入。

凱爾特人是廣泛分布於阿爾卑斯山以北的中歐至東歐的印歐語系的各族統稱，他們被希臘人稱為凱爾多人（Keltoi），被羅馬人稱為凱爾塔耶人（Celtae）或高盧人（Gallia）。

約從西元前7世紀起，凱爾特人開始往西方大遷徙，此浪潮也馬上波及不列顛島。他們帶來了鐵器，帶動農業繁榮發展。也因為武器的殺傷力大增，有關土地與家畜的糾紛亦日漸增加。

西元前2世紀末的遷徙浪潮，可算是凱爾特人的最後一波移居潮。他們與同為印歐語系的日耳曼人融合形成名為貝爾蓋人（Belgae）的族群，羅馬人稱呼其為布立托內斯（布立吞

KEY WORD

鐵器時代

使用大型鐵器能確實擴增耕作土地的面積，因此對整體務農作業而言，鐵器明顯比青銅器占優勢。此外，由於紛爭變多，因而催生出以壕溝或土墩圍繞高地的丘陵碉堡。

製於1世紀的儀式用盾牌

西元74～78年　威爾斯大半領土被羅馬軍攻克。

西元78～83年　由羅馬將領阿古利可拉領軍的蘇格蘭遠征結束。

西元90年　羅馬軍從蘇格蘭北部與東部大舉撤兵。

西元96年　羅馬進入五賢帝時代。

122年　哈德良皇帝開始興建長城直到翌年。

139年　不列顛島的邊境不斷往北移動直至143年。

160年　羅馬軍隊從安東尼長城退至哈德良長城。

180年　日本卑彌呼即位為邪馬台國的女王（有諸多不同的說法）。

208年　羅馬皇帝塞維魯斯率兵親征蘇格蘭直至211年，戰事因其身亡而告終。

213年　羅馬行省不列顛尼亞一分為二。

260年　至274年，不列顛島成為高盧帝國的一部分。

至330年完成撤克遜海

人）。此族群的居住地從英格蘭遍及威爾斯，這座島嶼便被羅馬人命名為不列顛島。

因為這樣的淵源，有些布立吞人尚有親屬留在歐洲大陸，所以只要情勢需要，他們也會借兵給歐洲大陸。這個現象引起凱撒的注意，成為日後羅馬軍遠征的原因。

在羅馬帝國統治下的地區，除了建造軍營外，亦進行**道路**與公共浴場的建設。例如位於英格蘭西南部雅芳郡（Avon）的城市巴斯（Bath），日後仍以溫泉勝地招徠人潮。

而且因為羅馬帝國的統治，基督教也在2世紀末隨之傳入不列顛島。相傳英國史上首位殉教者名為阿爾班（Alban），但殉教時期並不明確，有人說是3世紀前半或中期，也有人說是4世紀初葉。位於英格蘭東部的聖奧爾本斯（St Albans）則被稱為殉教之地。

4世紀末，日耳曼人開始大遷徙後，羅馬帝國的勢力明顯衰弱，並於

KEY WORD

道路

羅馬帝國為了能在危急之際迅速動員軍隊，興建了總計長達1萬公里以上的道路。現存的羅馬道路雖已相當殘破，仍可於曼徹斯特東北部的黑石角（Blackstone Edge）等地一睹遺跡。

由羅馬人所建設的道路至今仍殘存於各地

	岸防線建設。
3世紀後半	至4世紀，大和政權於日本崛起。
286年	**不列顛帝國宣布獨立。**
312年	**不列顛尼亞被劃分成四個行省。**
313年	基督教在羅馬因《米蘭敕令》而獲得公認。
367年	**蠻族進攻不列顛島。**
375年	日耳曼民族展開大遷徙。
392年	基督教在羅馬成為國教。
395年	羅馬帝國分裂為東西兩帝國。
410年	**布立吞人群起反抗，驅逐羅馬官員。**
432年	**派翠克開始在愛爾蘭宣揚基督教。**
446年	**布立吞人首長提交了一份請願書「布立吞人的悲嘆」。**
449年	**相傳首位盎格魯撒克遜人統治者亨吉斯特與其弟霍薩抵達肯特。**

5世紀初葉被迫撤出不列顛島。

不列顛島因而變得紛擾不斷，居住於蘇格蘭高地、與布立吞人同屬凱爾特族的蘇格蘭人，與定居平原的皮克特人（Picts）頻頻對立，甚至連布立吞人各部族間的紛爭也趨於日常。

在上述這樣的情勢下，一位名叫沃蒂根（Vortigem）的布立吞人領袖，將暫居於面向歐洲大陸多佛海峽地區的盎格魯人（Angles）、撒克遜人（Saxons）、朱特人（Jutes）與弗里斯蘭人（Frisians）這些日耳曼族群召集起來，組成援兵。

於是，在撒克遜人首領亨吉斯特（Hengist）與霍薩（Horsa）等人的帶領之下，被統稱為**盎格魯撒克遜人**（Anglo-Saxon）的日耳曼族群大舉進駐不列顛島。

KEY WORD

盎格魯撒克遜

撒克遜人經常化身為海盜，因此相當擅長操槳與使用戰斧。冒險犯難的精神與勇猛程度皆遙遙領先其他的日耳曼部族。

抵達不列顛島的盎格魯撒克遜人

被凱爾特原住民視為不祥之物的古羅馬人

凱撒&哈德良

Caesar, Gaius Julius & Hadrianus, Publius Aelius

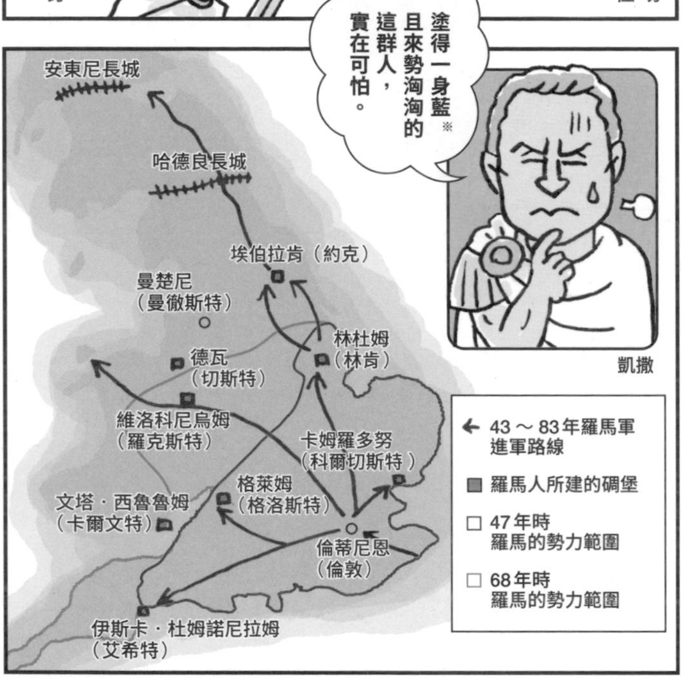

※ **塗得一身藍**：布立吞人使用菘藍這種會釋放藍色色素的植物塗抹全身。菘藍亦被當作止血劑使用。

凱撒	哈德良
●古羅馬政治家	●羅馬皇帝
生卒年 西元前100～西元前44年	生卒年 76～138年
出身 羅馬（義大利）	出身 義大利加（西班牙）

偵察高盧友軍的大本營

有關英國的歷史文獻最早出現於古羅馬時代，留下這份紀錄的是身為前三頭同盟一員的尤利烏斯・凱撒。

凱撒是一名優秀的政治家與軍人，透過遠征高盧，將羅馬的統治版圖大幅往北擴張。已持續超過70年的「百年內亂」眼看就快可以劃下休止符，凱撒卻在最後關頭遭到反對派暗殺身亡。

在前述遠征高盧的戰事中，凱撒曾兩度來到不列顛尼亞（不列顛島）。他在高盧軍中遇見來自不列顛的士兵，因而想調查這座島嶼的位置與大小，以及適合軍隊登陸的地點。

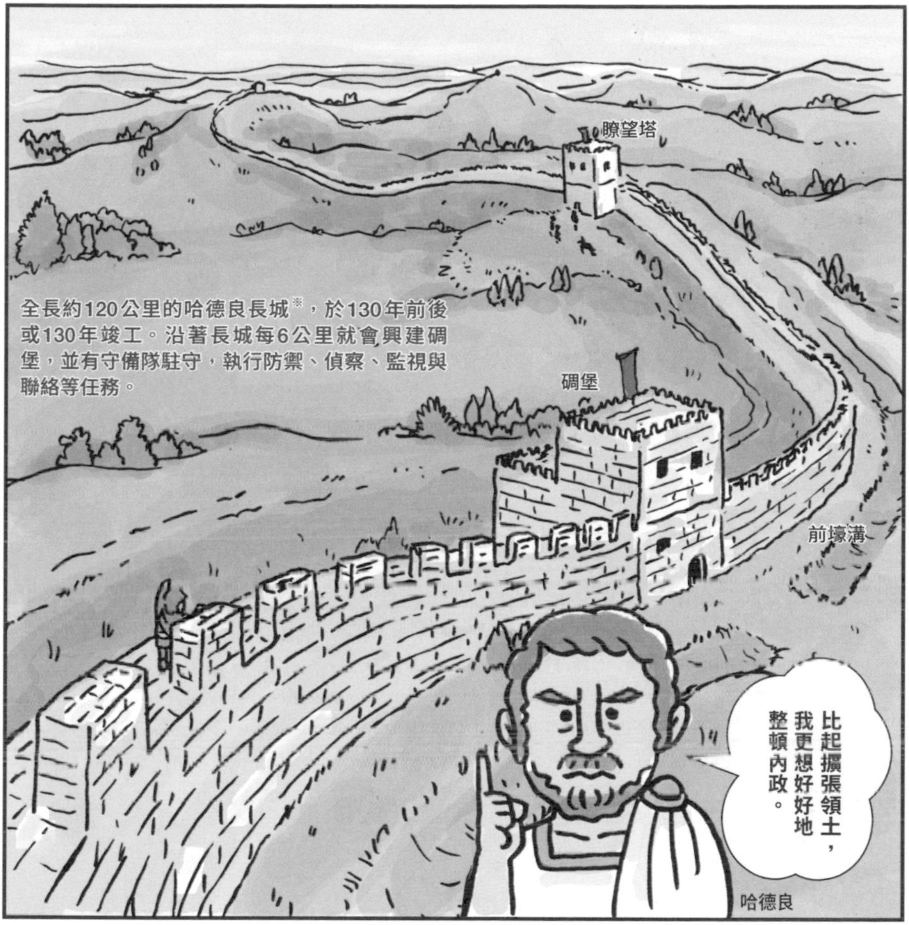

※ **長城**：自泰恩河口連綿至索爾威河口灣。至今仍保有大部分的遺跡。

英國版萬里長城

根據凱撒的調查，不列顛島是能供給礦產與奴隸的一大據點。因此羅馬帝國在第四任皇帝克勞狄烏斯（Claudius）掌政時正式往不列顛島擴張勢力，五賢帝之一的哈德良甚至親自遠渡重洋而來。

哈德良是一位勤於政務的羅馬皇帝，在位期間有一半的時間都花費在巡察行省上。然而，哈德良的治世也是羅馬帝國停止對外擴張，轉為守勢的時期。不列顛島亦無例外，他將原本已延伸至蘇格蘭的最前線大幅往後撤，並築起大規模的城牆。

後續影響！

長城在羅馬帝國撤退後，直到17世紀左右仍持續被用來當作對抗蘇格蘭的防禦城牆，也對現在的英格蘭與蘇格蘭的邊界劃分帶來影響。

布狄卡

Boudicca

為了報仇而挺身對抗羅馬帝國的女中豪傑

布立吞起義軍超過20萬人，迎戰的羅馬軍只有數萬名士兵。起義軍人數占壓倒性優勢。
跟緊布狄卡※大人!!

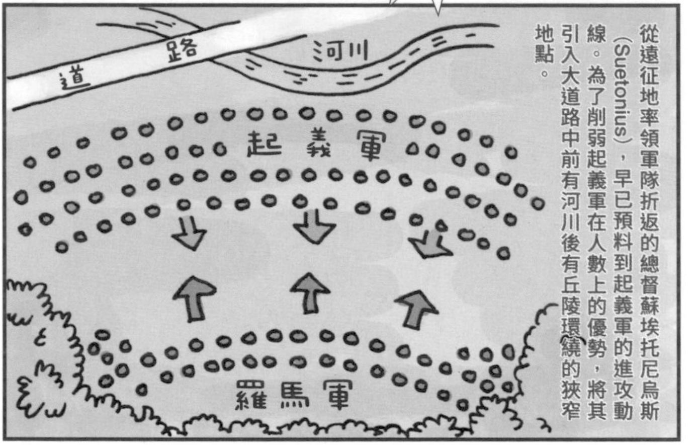

從遠征地率領軍隊折返的總督蘇埃托尼烏斯（Suetonius），早已預料到起義軍在人數上的優勢，為了削弱起義軍的進攻動線，將其引入大道路中前有河川後有丘陵環繞的狹窄地點。
道路
河川
起義軍
羅馬軍

※**布狄卡**：有一說認為在古凱爾特語中代表「勝利」之意。亦被譯為「波狄卡」、「博阿迪西亞」等。

● 布立吞人愛西尼族族長夫人

生卒年 ?～61年

出身 不明

事蹟 帶領布立吞各部族起義

因丈夫思慮不周所招致的災厄

英國的正式國名為「大不列顛暨北愛爾蘭聯合王國」。名稱開頭的「大不列顛」指的是由英格蘭、蘇格蘭以及威爾斯所組成的不列顛島，此名稱則源自凱爾特一族的布立吞人。

布立吞人的居住地從英格蘭東部遍及威爾斯。現在的諾福克郡至薩福克郡（Suffolk）一帶在當時則有名為愛西尼的部族定居。族長普拉蘇塔古斯（Prasutagus）可能曾與羅馬帝國締結保護條約，在其遺囑中除了指定兩名愛女外，還指定羅馬皇帝為其權力繼承人。在他死後，遺囑卻引來天大的災禍。

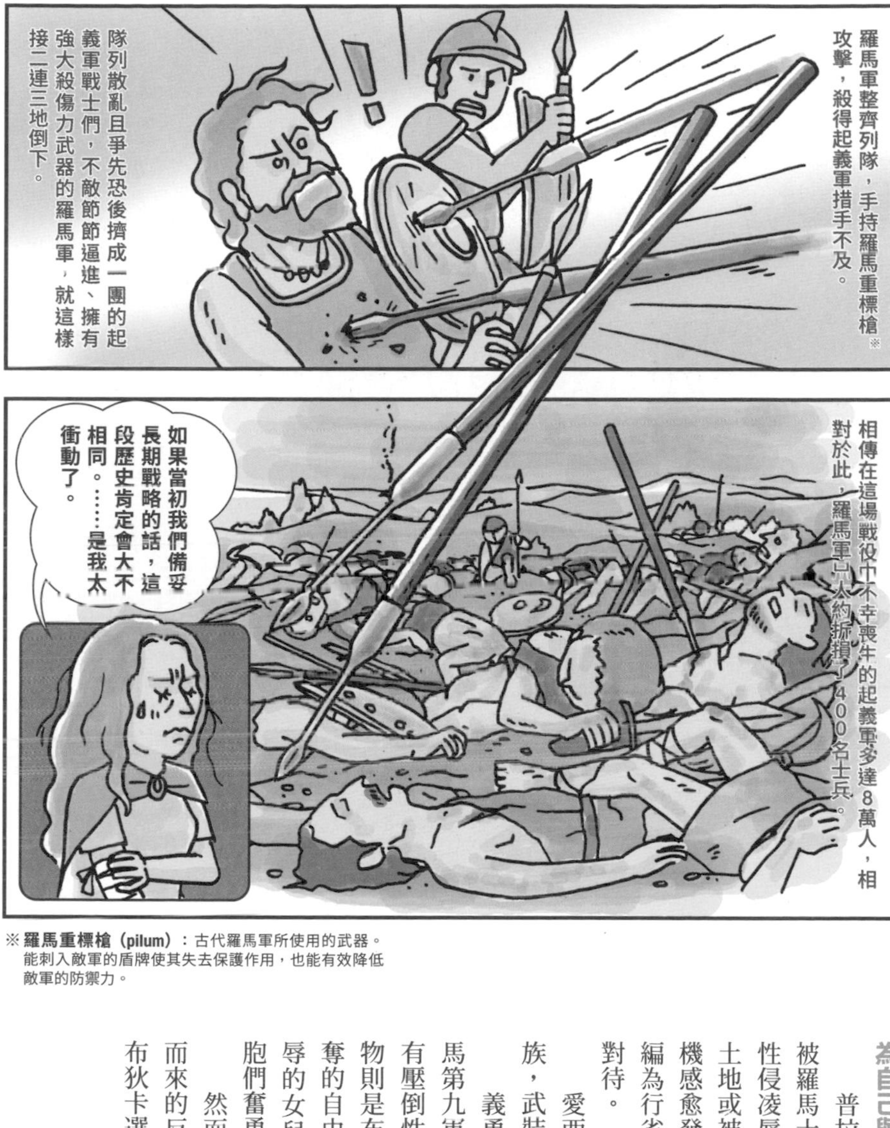

羅馬軍整齊列隊，手持羅馬重標槍※攻擊，殺得起義軍措手不及。
隊列散亂且爭先恐後擠成一團的起義軍戰士們，不敵節節逼進、擁有強大殺傷力武器的羅馬軍，就這樣接二連三地倒下。
相傳在這場戰役中不幸喪生的起義軍多達8萬人，相對於此，羅馬軍只大約折損了400名士兵。
如果當初我們備妥長期戰略的話，這段歷史肯定會大不相同。……是我太衝動了。

※**羅馬重標槍（pilum）**：古代羅馬軍所使用的武器。能刺入敵軍的盾牌使其失去保護作用，也能有效降低敵軍的防禦力。

為自己與女兒報仇

普拉蘇塔古斯之妻布狄卡不但被羅馬士兵鞭笞，兩名女兒還遭到性侵凌辱。其他族人也紛紛被奪走土地或被當作奴隸使喚，人們的危機感愈發強烈，深怕萬一被正式收編為行省的話，將會遇到更惡劣的對待。

愛西尼族人因而夥同鄰近的部族，武裝起義。

義勇軍攻下兩座城鎮並殲滅羅馬第九軍團步兵主力，在一開始占有壓倒性優勢。指揮作戰的中心人物則是布狄卡，她一心要為「被剝奪的自由、被鞭打的傷痛、遭到凌辱的女兒貞潔報仇」，不斷鼓舞同胞們奮勇作戰。

然而，戰況卻隨著羅馬軍有備而來的反攻行動而不斷惡化。最後布狄卡選擇服毒自盡。

亞瑟王

Arthur

受到魔法師與圓桌騎士鼎力相助，聲名顯赫的英雄

相信大家應該都曾聽過亞瑟王的故事※。
亞瑟王
魔法師梅林
關妮薇公主
蘭斯洛特
然而，查找歷史書籍想了解亞瑟王的史實性，卻只會愈看愈覺得謎團重重。
近年來出現一則歷史學上的假說，
直指阿爾托利烏斯※這名人物乃亞瑟王的原型。

※**故事**：這是活躍於12世紀的法英王妃亞奎丹的艾莉諾（Eleanor of Aquitaine）致力振興文藝時期的作品，被用來陶冶騎士們的精神。

●布立吞人領袖【傳說人物】

生卒年 不明

出身 廷塔哲（ENG）

事蹟 帶領軍隊與入侵的盎格魯撒克遜人作戰

英國最具代表性的英雄

若對英國人進行問卷調查——誰是英國史上最偉大的王，這號人物肯定會名列前茅。他就是傳說中的亞瑟王。

亞瑟王為布立吞人所建的小國君主。手持王者之劍，率領被稱為圓桌騎士的劍術高手，偕同其他部族與盎格魯撒克遜諸國交戰，最後甚至攻入歐洲大陸。

在這場遠征中，亞瑟王接獲外甥莫德雷德（Mordred）篡位的消息而急忙返國。歷經一番激烈廝殺終於擊敗謀反勢力，但他本身卻也因此身負重傷，傳說中他隨後被化身為少女的湖中仙女帶往阿瓦隆島（Avalon）療傷。

阿爾托利烏斯是在哈德良長城負責戒備任務的羅馬士兵，成功凝聚來自廣大羅馬領土的士兵向心力，是一名平息內亂的優秀隊長。
像他這樣的人才，也被布立吞人當成英雄記憶下來。
歷經可怕的盎格魯撒克遜人與維京人進犯的時代後，人們更加渴求英雄的故事，這些事蹟便開始在各地廣為流傳。
Arthur
（亞瑟）
Artorius
（阿爾托利烏斯）
名字的拼法相似

※ **阿爾托利烏斯**：相傳為2世紀後半至3世紀前半之人。據說在退役後成為現在的克羅埃西亞達爾馬提亞地區的小鎮長。

亞瑟王的故事並非全為創作杜撰。當時因小國林立，彼此不斷上演攻防戰，戰事則在5世紀前半盎格魯撒克遜人來襲後進入白熱化。在這種敵與友頻繁替換的情況下，相信在布立吞人當中應該曾出現過驍勇善戰的英雄。

中世以降，無關乎是否為布立吞人後裔，亞瑟王已成為所有英國人公認的英雄。

此外，有關於亞瑟王的原型人物，有一說認為他並非布立吞人，而是羅馬軍人阿爾托利烏斯。

後續影響！

亞瑟王傳說為《哈利波特》等奇幻文學的源流

凱爾特、日耳曼的神話與傳說 **「亞瑟王傳說」**
↓
與基督教的聖杯傳說或騎士道故事等混合
↓
奇幻小說 **《魔戒》、《納尼亞傳奇》、《哈利波特》**

COLUMN

聖人列傳
基督教落地生根

Saint Patrick
聖派翠克
(約387～約461)
基督教宣教師
Saint Augustinus
坎特伯里的
聖奧古斯丁
(？～約604)
基督教布教者
Saint Columbanus
聖高隆邦
(521～597)
基督教傳道者

基督教約於2世紀末開始傳入不列顛島，在已知的確切時期與傳道者名單中，4世紀末的彌安（Ninian）與5世紀中葉的派翠克兩人可謂居功厥偉。

派翠克來自不列顛島西部，最著名的事蹟就是在出生地與愛爾蘭傾盡心力傳教，後者更是其重心所在，日後因而被世人尊崇為「愛爾蘭的主保聖人」。

派翠克過世後，傳道活動一度停滯，直到5世紀末才再度變得活絡。在這當中，最先嶄露頭角的是來自愛爾蘭西北部的高隆邦。

563年，決心前往島外傳教的高隆邦，偕同12名弟子渡海前往蘇格蘭西部的愛奧那島（Iona），在當地興建修道院。他們以此為據點在周邊的島嶼和蘇格蘭西北部沿岸進行傳教活動。

在高隆邦打下這些基礎後，日後被封為「英國使徒」的奧古斯丁接力登場。

奧古斯丁則奉教宗額我略一世之命，於597年偕同40名修士前往不列顛島。他們以坎特伯里為據點進行傳教活動，並成就了極大的成果。

愛奧那島的修道院歷經整修後屹立至今。

Chapter

2

盎格魯撒克遜七王國與維京人入侵

476年	西羅馬帝國滅亡。
477年	**埃爾建立薩塞克斯王國。**
500年	**爆發巴當山之戰。**
547年	**艾達建立伯尼西亞王國。**
593年	日本聖德太子成為推古天皇的攝政。
597年	**奧古斯丁所率領的布教團抵達英格蘭。**
603年	日本制定冠位十二階，翌年制定憲法十七條。
607年	日本派遣小野妹子赴隋。
618年	中國隋朝滅亡，唐朝繼之崛起。
630年	穆罕默德征服麥加。 日本開始派遣遣唐使。
632年	進入正統哈里發時期。
633年	**諾森布里亞王國與格溫內斯王國發生哈特菲爾德之戰。**
645年	日本進行大化革新。
664年	**凱爾特教會與羅馬教會之間的分歧獲得解決。**
669年	**西奧多（坎特伯里大主教）開始進行英格蘭教會改革。**

時代背景與概要

面對陸續跨海而來的盎格魯撒克遜人的攻勢，凱爾特裔的布立吞人屢屢敗北。

相傳發生於西元500年左右的巴當山之戰，布立吞人雖大獲全勝，但更值得矚目的是，由於接連輸掉其他戰役的緣故，在6世紀末時，布立吞人的勢力範圍縮小到僅剩威爾斯。選擇不逃亡而留在盎格魯撒克遜人統治地區的布立吞人，推測在這之後長期與盎格魯撒克遜人通婚而被同化吸收。就這樣，相當於現今英格蘭的地域正式被命名為英格蘭，亦即「盎格魯人的土地」之意。

盎格魯撒克遜人基本上是以部族為單位，處於割據狀態。因此在7世紀初葉大約有20個小國林立，各自為政、互別苗頭。進入9世紀初葉之後則分裂為7個王國，亦即所謂的七國

KEY WORD

薩頓胡船棺葬

於薩福克郡所發現的7世紀東盎格利亞王陵墓。在眾多出土品當中，最受人矚目的是長27公尺，需由38人操槳的船隻，並在中央船艙發現瑞典製的鎧甲與盾牌等物。

船棺內滿載豪華的裝飾物與為數眾多的兵器護具

672年 日本發生壬申之亂。
694年 **威塞克斯王國制定成文法。**
710年 日本遷都平城京。
716年 **艾塞爾伯特成功攻下麥西亞王國，勢力更加擴大。**
724年 日本聖武天皇即位。
751年 法蘭克王國成立卡洛林王朝。
752年 日本東大寺的大佛鑄造完成。
781年 日本桓武天皇即位。
793年 **維京人首度入侵不列顛島。**
794年 **維京人首度入侵蘇格蘭。** 日本遷都平安京。
795年 **愛爾蘭進入維京時代。**
800年 卡爾一世成為西羅馬帝國皇帝。
841年 **維京人於都柏林設置基地。**
850年 **維京軍隊於英格蘭過冬。**
862年 俄羅斯成立諾夫哥羅德公國。
865年 **維京大軍入侵英格蘭。**

時代。

英格蘭南部地區由西往東排列，依序為威塞克斯（Wessex）、薩塞克斯（Sussex）、肯特（Kent），東部為東盎格利亞（East Anglia），中部為麥西亞（Mercia），北部為諾森布里亞王國（Northumbria）。

在這種可稱為戰國時代的狀況之下，基督教正式展開傳道。包括布立吞人在內的凱爾特裔民族與盎格魯撒克遜人自古信奉精靈崇拜，因此要讓他們改宗應該會是一場苦戰。唯一真神的概念，以及禁止偶像崇拜、活體獻祭儀式等，無論哪一項皆與其傳統背道而馳。附帶一提，**薩頓胡船棺葬**為盎格魯撒克遜君王的陵墓遺跡，從中可窺見此民族的生活樣式。

傳教活動由受命於**羅馬教宗**，被特派到此地的奧古斯丁打頭陣，再加上後續傳道士們的努力，順利促使人們改宗。

剩下的則是基督教內部的統一問題。除了以教宗為首的領導體制外，還有愛爾蘭修士所主導的傳教，兩者

KEY WORD

羅馬教宗

欲登基成為皇帝必須親赴羅馬，在教宗的見證下舉行加冕典禮，若即位為國王，只須請大主教作見證人即可。英格蘭則由坎特伯里大主教司職。

接受奧古斯丁洗禮的肯特王

869年	維京人成功征服東盎格利亞王國。
870年	締結《梅爾森條約》，形成今日德、法、義的國境雛形。
874年	維京人消滅麥西亞王國。
878年	威塞克斯王國的阿爾弗雷德大帝於愛丁頓戰役中戰勝維京人。
892年	至896年阿爾弗雷德大帝擊退入侵的維京人。
894年	日本廢止派出遣唐使。
907年	中國唐朝滅亡。
909年	威塞克斯王國的愛德華王於泰特豪爾之戰擊敗維京人。
917年	維京人奪回於903年被奪走的都柏林。
937年	威塞克斯王國的埃塞爾斯坦於布魯南博爾之戰獲勝。
954年	威塞克斯王國征服約克。
960年	中國北宋建國。
962年	鄂圖一世成為首任神聖羅馬帝國皇帝。

在教義、教會組織、曆法等方面，在根本上具有極大的差異。

雙方完全不願意讓步，在檯面下持續暗鬥了一段時間。最後在664年所舉行的惠特比宗教會議上獲得解決，英格蘭加入羅馬教會體制，南部以坎特伯里為中心，設置12個教區，北部則以約克為中心設置4個教區。

若問基督教有多深入盎格魯撒克遜人的生活，從更晚一點的時代，透過塗油舉行君王的加冕典禮就可以看得一清二楚。

國家是超越部族框架的存在，光憑血統或權力無法鞏固王位。因此受到神的加持遂成為關鍵要素。藉由高階神職人員執行塗油儀式來確立君主的神聖性。

七王國彼此之間的國力強弱愈見分明，在威塞克斯獨大領先他國的時候，英格蘭也開始出現**維京人來襲**的情況。此時期的維京人亦被稱為丹人（Dane）。

盎格魯撒克遜人與丹人同為日耳

KEY WORD

維京人來襲

維京人可謂神出鬼沒。有時會突然操船來襲，火速完成任務，在被敵人追擊包圍之前即刻撤退。熟悉敵情後會設置陣地，派兵常駐守備，並正式擴大規模展開征服行動。

划槳操縱用來襲擊敵人的奧塞貝格號（Oseberg）的維京人們

973年	**威塞克斯王國統治英格蘭全境。**
1016年	**克努特一世獲封成為英格蘭王。** 日本藤原道長成為攝政，進入藤原氏全盛時代。
1035年	**克努特一世身亡，哈羅德一世即位。**
1042年	**懺悔者愛德華即位，盎格魯撒克遜王朝復辟。**
1066年	**懺悔者愛德華身亡，哈羅德二世即位。**

曼裔民族，不同的是，相對於前者的起源地為北德平原，後者則是來自斯堪地那維亞半島與日德蘭半島。

丹人的攻勢無比猛烈，從海岸地區溯河而上，甚至還攻入內陸地帶。威塞克斯的阿爾弗雷德大帝雖曾試圖還擊，費了好大的力氣一點一點打回去，最後才好不容易達成和解。後來約莫花了70年的歲月，才完全解除被丹人割據的狀態。

丹人克努特一世所打造的「**北海帝國**」並沒有持續太久。然而，這並不代表盎格魯撒克遜人與丹人從此不再往來，英格蘭與丹麥王室之間已透過聯姻形成姻親關係。英格蘭與同為維京後裔的諾曼第公爵家族也有姻親關係。

KEY WORD

北海帝國

丹人的本業為物品交易，有時會視情況採取掠奪手段，若覺得可行，就會乾脆出征。他們的君王曾短暫兼任英格蘭王，構築北海帝國。

統治區域為英格蘭、丹麥、挪威、瑞典

阿爾弗雷德大帝

媲美歐洲大陸查理曼大帝的英國史上唯一大帝

Alfred the Great

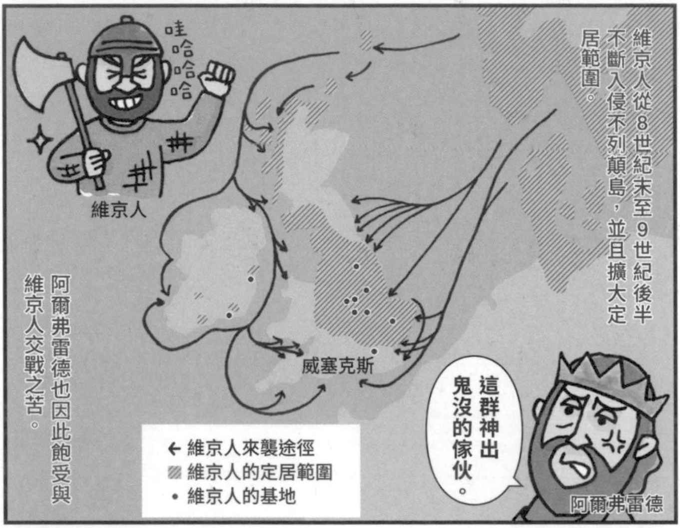

維京人從8世紀末至9世紀後半不斷入侵不列顛島，並且擴大定居範圍。
哇哈哈哈
維京人
威塞克斯
這群神出鬼沒的傢伙。
阿爾弗雷德
阿爾弗雷德也因此飽受與維京人交戰之苦。
← 維京人來襲途徑
▨ 維京人的定居範圍
• 維京人的基地

後世流傳著這則軼事。
878年1月，遭維京人擊敗的阿爾弗雷德勉強保住一條命，逃往位於濕地的某農家※躲藏。
藏匿於此的阿爾弗雷德王，某天受農家所託，幫忙照看正在爐灶上烘烤的麵包。
然而他滿腦子都在想著維京人的事，一回過神才發現麵包全都烤焦了。

※**農家**：據傳為現在索美塞特郡（Somerset）的阿瑟爾尼（Athelney）濕地。

●威塞克斯王

生卒年 849～899年

出身 萬蒂奇（ENG）

事蹟 建立統一王國的社會基盤，亦致力振興文化藝術

遏止丹人勢如破竹的進犯

在英格蘭歷代國王當中，對於曾經留下豐功偉業者皆會冠以「大帝」的美稱乃一般慣例，而在英國史上唯一獲得此榮譽的則是阿爾弗雷德。

阿爾弗雷德大帝是盎格魯撒克遜七王國分立時代的人物，亦是分布於英格蘭西南部的威塞克斯王國的君主。

在其即位之際，英格蘭正面臨丹人（維京人）的攻擊。在丹人趁勝追擊擴展勢力的當下，阿爾弗雷德英勇地挺身對抗，雖未完全擊退丹人，但重挫其攻勢，成功地帶來和平。

※**古斯倫（Guthrum，？～890）**：丹人君王。於878年的愛丁頓戰役不敵阿爾弗雷德，簽訂《韋德莫爾條約》劃定領土邊界。後來改信基督教。

英格蘭的統一已近在眼前

建於羅馬帝國統治時期，從倫敦延伸至切斯特的惠特靈大道以東的地區，在阿爾弗雷德的同意下成為丹人的統治地，並以此換來和平的狀態與時光。他一分一秒都不浪費地對各領域進行改革。

阿爾弗雷德在政治上於戰略要地建設城市、於王室領地創設代官制，在軍事上導入雙班制與籌組海軍，在文化上編纂法典與編年史、將海內外優秀的文獻進行英譯，並於修道院和宮廷設立學校等等，致力提升人民的識字率。

後續影響！

惠特靈大道以東被稱之為丹麥區（Danelaw），至今仍保留獨有的習俗與方言。現代英語也有很多單字是源自丹人曾使用的語言。

向神請求救贖，興建了堪稱英國之寶的建築物

愛德華（懺悔者）

Edward the Confessor

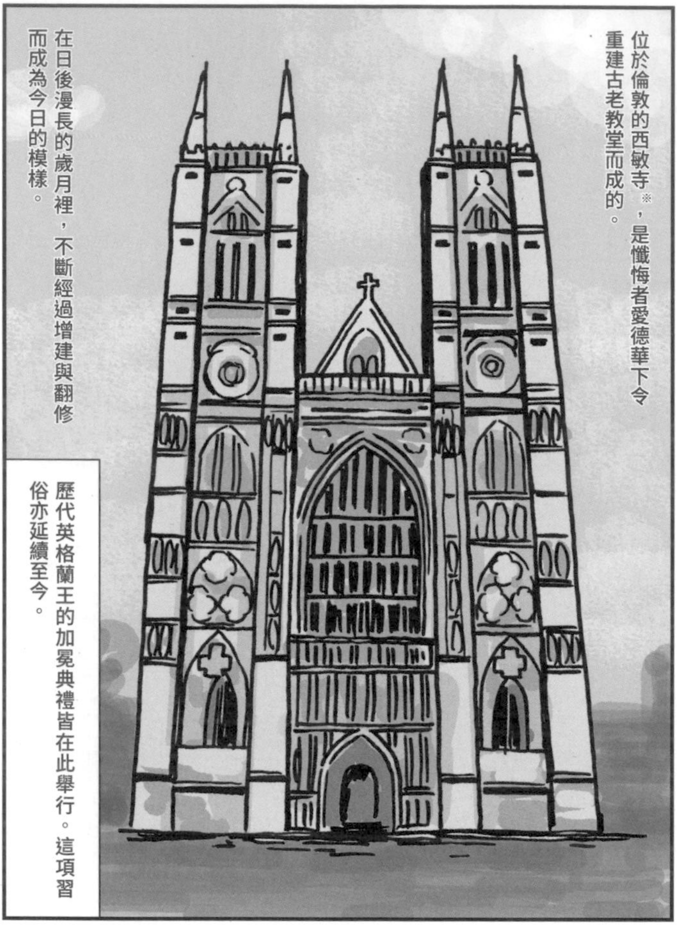

位於倫敦的西敏寺※，是懺悔者愛德華下令重建古老教堂而成的。
在日後漫長的歲月裡，不斷經過增建與翻修而成為今日的模樣。
歷代英格蘭王的加冕典禮皆在此舉行。這項習俗亦延續至今。

※**西敏寺（Westminster Abbey）**：歷代君王、政治家、文人、科學家等許多偉人皆長眠於此，亦被列為世界文化遺產。

●英格蘭王

生卒年 約1002～1066年

出　身 伊斯利普（ENG）

事　蹟 修建了至今仍被王室用來舉辦婚喪喜慶典禮的大教堂

在諾曼第長大的貴公子

懺悔者愛德華為阿爾弗雷德大帝的第六代子孫。父親英格蘭王埃塞爾雷德二世在他年幼時便撒手人寰，因與母親愛瑪的改嫁對象丹麥王子克努特處不來，遂轉往愛瑪的娘家諾曼第公國生活。愛德華十分欣賞諾曼人的教育與習俗，並充分學習吸收這些文化長大。

在這段期間，克努特兼任英格蘭、丹麥、挪威、瑞典之王，構築出被稱為北海帝國的統治版圖，在他身故後，英格蘭王位由愛德華同父異母的兄長們繼承。後來因為後繼無人才將愛德華召喚回國，由其接任王位。

加冕儀式所使用的王冠被稱為「聖愛德華王冠」，乃取自愛德華之名。
這與愛德華的世系有關。
首位自封為「英格蘭王」者乃盎格魯撒克遜人，愛德華則是最後一位擁有此正統血脈的君王。
後世的君王們之所以使用※這頂王冠進行加冕，便是為了展現自身擁有正統的資格，而非透過征服手段取得王位。
在加冕典禮上登基為王時戴上這頂王冠，亦等於承認英格蘭的國本乃盎格魯撒克遜人。
懺悔者愛德華
如此重視傳統與歷史乃是英國的特點。

※ **使用**：王冠在清教徒革命時期遭到破壞，為了不久後即將舉行的查理二世加冕典禮而重新製作。

因一座修道院而名留青史

愛德華既沒有政治能力，亦缺乏治理國家政務的氣概。

相對於此，愛德華的信仰極為虔誠，後來甚至被稱為「懺悔者」。他在宗教方面大有作為，其中被認為最偉大的事蹟則是，致力於重建位於泰晤士河北岸的本篤會修道院（創建於960年）。原本為諾曼風格的這座建築物，於13世紀時仿效法國的蘭斯主座教堂，以哥德式風格重新再造，幾經修復與重建，至今威容不減。這座大修道院即為西敏寺。

後續影響！

西敏寺自威廉一世登基以來，便成為國王舉辦婚喪喜慶典禮的場所。伊莉莎白二世的加冕典禮，以及黛安娜王妃的喪禮皆於此處舉行。

維京後裔之戰由誰勝出？

哈羅德二世VS威廉一世

Harold II VS William I

※ **黑斯廷斯**：位於現今英格蘭東南部的東薩塞克斯郡（East Sussex），面向英吉利海峽的地區。

哈羅德二世	威廉一世
●威塞克斯伯爵	●英格蘭王
生卒年 約1002~1066年	**生卒年** 約1027~1087年
出身 不明	**出身** 法萊斯（法國）

不被認同的英格蘭王

愛德華因與妻子不睦，未有子嗣，最終在沒有接班人的情況下與世長辭。想當然耳，有心角逐王位者便趁勢而出。

其中一人為威塞克斯伯爵哈羅德。他是愛德華之妻的親弟弟，與愛德華為郎舅關係。

哈羅德的近親中也有不認同其即位之人。托斯提格（Tostig）因為無比憎恨親弟哈羅德，而拉攏挪威王哈拉爾（Harald Hardrada），並從英格蘭東北部登陸，打算藉由武力奪取王位。

雙方軍隊於約克東邊的史丹福橋（Stamford Bridge）發生激戰。最終以哈羅德大獲全勝收場。

企圖登上英格蘭王寶座的還有另一人。他就是諾曼第公爵紀堯姆（Guillaume），與愛德華為遠親。紀堯姆主張愛德華生前承諾將王位傳給他，而且哈羅德也知曉此事。甚至還取得教宗的支持。

原本在海岸靜待時機到來的紀堯姆，趁著哈羅德北上與哈拉爾交戰之際，跨過海峽發動攻擊，接著在1066年10月14日，於黑斯廷斯之戰（Battle of Hastings）擊垮緊急撤返的哈羅德軍隊，並於同年聖誕節即位成為威廉一世。

後續影響！

威廉一世的土地劃分政策，促使貴族勢力抬頭

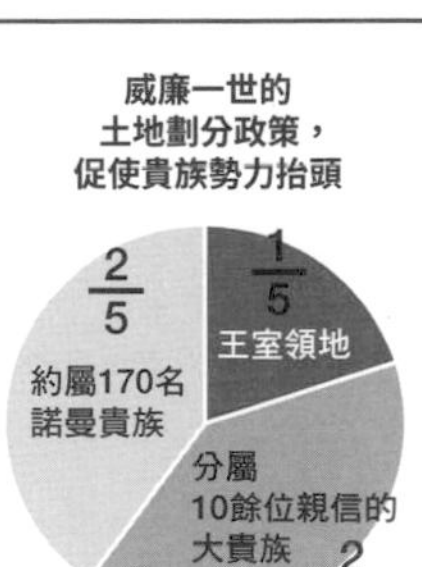

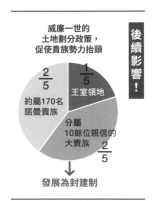

COLUMN

為一統天下鋪路的人們

七王國中的偉大君王

Knud I
克努特一世
（995～1035）
英格蘭王

Offa
奧法
（？～796）
麥西亞王

在盎格魯撒克遜人所造成的七國割據狀態下，除了阿爾弗雷德大帝之外，尚有其他留下重大功績的君王。其中兩位就是奧法王與克努特一世。

奧法王是麥西亞王國的君王，統治的版圖相當於現今英格蘭的中部地區。他不但在麥西亞與威爾斯的交界築起長達193公里的防禦陣地，在內政方面亦交出亮眼的成績。奧法王下令編纂法典與發行銀幣，為英格蘭的統一做出了貢獻。

克努特一世為丹麥王子。由於埃塞爾雷德二世（阿爾弗雷德的曾孫）與其子愛德蒙二世相繼過世而成為英格蘭王。他與諾曼第公爵之女，同時也是埃塞爾雷德二世的王妃再婚後，兼任丹麥與挪威國王，接著還將瑞典納入自己的統御之下，開拓出被稱為北海帝國的廣大版圖。

儘管如此，克努特一世並未打壓盎格魯撒克遜人，而是將其與丹人一視同仁，平等待之。此外，他還代徵教會稅，並支持丹人改宗等，不遺餘力地協助教會。這樣的統治就是避免不必要爭端的最佳方法。

DATA

七王國分布圖

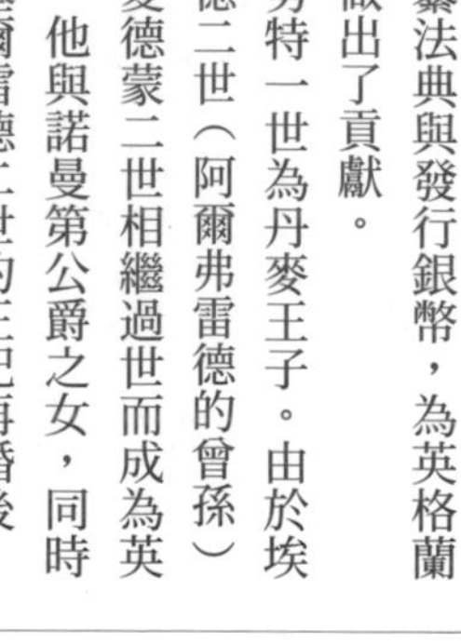
諾森布里亞
奧法防線
麥西亞
東盎格利亞
艾塞克斯
威塞克斯
肯特
薩塞克斯

Chapter 3

十字軍東征・百年戰爭・玫瑰戰爭

1066年	**威廉一世成為英格蘭王。**
1086年	**編寫首部《末日審判書》。**
1087年	**威廉二世即位。**
1099年	十字軍占領耶路撒冷。
1100年	**威廉二世遭到暗殺，亨利一世即位。**
1106年	**亨利一世將諾曼第納為英格蘭的領地。**
1120年	**亨利一世的繼承人威廉溺水身亡。**
1135年	**史蒂芬即位。**
1152年	**亨利一世之孫安利（後來的亨利二世）與亞奎丹的艾莉諾結婚。**
1154年	**史蒂芬身亡後，亨利二世即位。**
1162年	**貝克特就任坎特伯里大主教一職。**
1164年	**貝克特於《克拉倫敦法典》的巡迴法庭遭到流放。**
1167年	日本平清盛出任太政大臣一職。
1169年	**直至1171年盎格魯・諾曼騎士征服愛爾蘭。**

時代背景與概要

諾曼王朝的創始人威廉一世，相較於英格蘭王的頭銜，反而更在意被法國國王封臣為諾曼第公爵紀堯姆的身分。於1154年創建金雀花王朝（House of Plantagenet）的亨利二世亦然，嚴守自己原本身為法國安茹伯爵的立場。這個時代由諾曼人所發起的征服行動則稱之為**諾曼征服**。

附帶一提，亨利二世承襲了父親身為諾曼第公爵與安茹伯爵的領地，並從曾為法國國王路易七世王妃的妻子手中繼承了亞奎丹公爵的領地，因為幅員遼闊，直到現在仍有人以**安茹帝國**來指稱其包含英格蘭在內的所有領地。

亨利二世對自我身分的認同亦傳承給其子理查一世，他對於自己身為亞奎丹公爵的身分認知，遠勝過英格蘭王。

KEY WORD

諾曼征服（Norman Conquest）

諾曼人雖為維京人的後裔，卻深受法國文化與社會的影響。他們將法國的封建制度帶進英格蘭，並滲透至盎格魯撒克遜人的生活中。

諾曼人所興建的堡壘

1170年	貝克特於坎特伯里大教堂遇害身亡。
1173年	直至翌年，蘇格蘭攻入英格蘭北部。
1185年	日本平家滅亡，鎌倉幕府隨後成立。
1189年	亨利二世駕崩，理查一世即位。
1193年	理查一世被幽禁於德國至翌年。
1199年	無地王約翰即位。
1203年	直至翌年，諾曼第被法國奪回。
1206年	蒙古成吉思汗崛起。
1214年	法國境內的英格蘭領地幾乎不保。
1215年	無地王約翰被迫簽署《大憲章》。
1216年	亨利三世即位。
1224年	英格蘭領地普瓦圖被法國國王路易八世占領。
1237年	締結《約克條約》，放棄蘇格蘭國境地區。

理查一世為人勇猛果敢，因而獲得「獅心王」的封號，但另一方面，他卻幾乎不具備任何政治能力。他做出惹怒神聖羅馬帝國皇帝的行為，卻完全沒想過自己會遭到報復，結果在十字軍遠征的歸途中慘遭幽禁。

除了十字軍遠征之外，當時企圖擴展王權的法國國王菲利普二世取得了亞奎丹的支持，理查一世不得不與該地的反叛勢力交戰，在任的10年期間，他僅在英格蘭短暫住過6個月左右。也因為這樣而讓英格蘭諸侯發展出自主性。

這項影響在理查一世的接班人約翰（無地王）的時代，便具體地顯現出來。約翰不但失去了亞奎丹以外的所有歐洲大陸領土，還被教宗逐出教門，眼看他對外失敗連連，貴族因而祭出《大憲章》。

《大憲章》的目的在於防止權力濫用，當中明文規定君主治理政事必須依據法律與慣習，並尊重貴族提出的諫言與協議。

KEY WORD

安茹帝國

亨利二世一躍成為坐擁橫跨海峽遼闊領地的權貴。就幅員廣大這點來看，當時歐洲無人能與其分庭抗禮。這全都拜他的妻子所賜。因為娶了這名背景特殊的女子，他才得以擁有這一切。

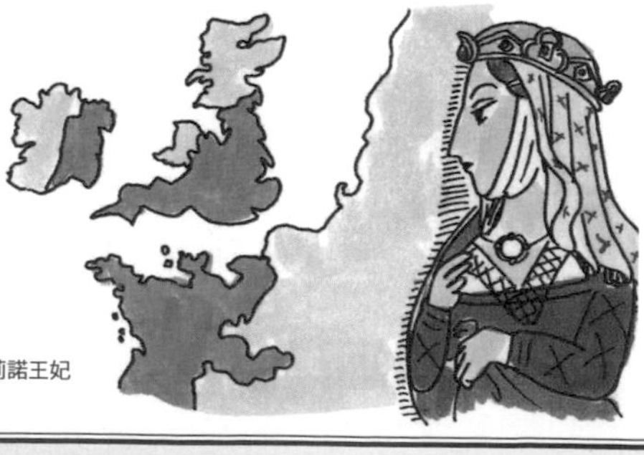

亞奎丹公爵紀堯姆十世之女亞奎丹的艾莉諾王妃

1240年	蒙古軍占領莫斯科。
1258年	因貴族叛亂而制定《牛津條例》。
1266年	與挪威簽訂《珀斯條約》。
1267年	盧埃林・阿普・格魯菲德根據《蒙哥馬利條約》，正式被認定為威爾斯大公。
1272年	愛德華一世即位。
1282年	直至翌年，愛德華一世征服威爾斯。
1284年	頒布《威爾斯法》。
1307年	愛德華一世駕崩，愛德華二世即位。
1314年	英格蘭軍被逐出蘇格蘭。
1320年	發布《蘇格蘭獨立宣言》。
1327年	愛德華三世即位。
1333年	日本鎌倉幕府滅亡，室町幕府於1338年成立。
1337年	英格蘭與法國之間發生百年戰爭。
1348年	黑死病於此年與1361年在英格蘭造成大流行。
1360年	英格蘭與法國締結《布勒丁

這裡所說的法律是不同於當時的《羅馬法》與《教會法》的第三法體系，也就是所謂的普通法（Common Law）。

普通法結合了透過判例的累積所形成的習慣法，以及透過巡迴法庭所形成的王國共通法而成，在頒布《大憲章》時仍處於發展階段，直到13世紀末才完成。

再回來看此時期的政治情勢，由於領有亞奎丹的緣故，英格蘭王與法國國王的關係持續緊張，為了緩和這樣的局面，兩王室不斷聯姻，卻又因此埋下新的爭端。

在法國的卡佩王朝（Capétiens）滅亡，瓦盧瓦王朝（Valois）隨之成立後，英格蘭王愛德華三世對此提出了異議。

愛德華三世認為，自己的母親乃是卡佩王朝菲利普四世之女，因此他才是最有資格成為法國國王的人。於是愛德華三世打著冠冕堂皇的旗幟，對法國發動了戰爭，也就是俗稱的英法百年戰爭。另有一說則認為，這場

KEY WORD

玫瑰戰爭

戰爭會使人陷入瘋狂。玫瑰戰爭即為箇中典型。由於慣常的施暴者在這場戰役中獲得重用，因此罹難人數遠勝於過去的所有戰爭。

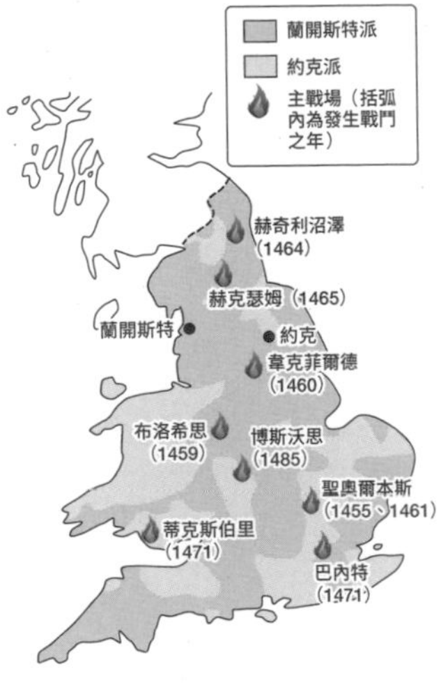
蘭開斯特派
約克派
主戰場（括弧內為發生戰鬥之年）
赫奇利沼澤（1464）
赫克瑟姆（1465）
蘭開斯特
約克
韋克菲爾德（1460）
布洛希思（1459）
博斯沃思（1485）
聖奧爾本斯（1455、1461）
蒂克斯伯里（1471）
巴內特（1471）

令英格蘭全境皆化為戰場的玫瑰戰爭

尼條約》。

1368年 中國進入明朝。

1377年 **愛德華三世駕崩，理查二世即位。**

1399年 **理查二世被廢黜。亨利四世即位。**

1413年 **亨利四世駕崩，亨利五世即位。**

1420年 **英格蘭與法國締結《特魯瓦條約》。**

1422年 **亨利五世駕崩，亨利六世即位。**

1429年 法國聖女貞德大為活躍。

1455年 **爆發玫瑰戰爭。**

1461年 **亨利六世被廢黜。愛德華四世即位。**

1467年 日本室町幕府發生應仁・文明之亂。

1480年 莫斯科大公國獨立。

1483年 **愛德華四世駕崩，理查三世即位。**

1485年 **理查三世戰死，亨利七世即位。**

戰爭真正的目的在於穩固亞奎丹的統治，抑或為了死守該地所生產的優質紅酒。

英格蘭軍雖一度勢如破竹，幾乎攻占整個法國，最後卻失去歐洲大陸的所有領土，僅剩加萊一地。百年戰爭好不容易才結束，沒想到2年後又爆發被稱為**玫瑰戰爭**的內戰。

除了**黑死病**流行之外，再加上司令官親上前線的風潮使然，自諾曼征服以來，大半的貴族都在這場內戰中面臨家系斷絕的命運。

亨利七世成為玫瑰戰爭的最終勝利者，他趁勢把握這個大好機會，不但透過限制私兵與管制婚姻繼承權來遏阻新的大貴族出現，還優先任用通曉法律的仕紳階級（大地主），以遞補國王評議會裡的大量缺額。

透過這些行為，大幅強化了他的權力。

KEY WORD

黑死病

在百年戰爭打得如火如荼的1348年，黑死病入侵不列顛島。當時的醫學找不出致病原因，感染者無藥可醫只能等死。雙方也因此被迫停戰。

將歐洲變成人間煉獄的黑死病

英勇過人的哥哥與失敗連連的弟弟，以及懲治貪官的俠盜

理查一世&約翰（無地王）&羅賓漢

Richard I & John the Lackland & Robin Hood

12世紀後半的英格蘭。自威廉一世以降，此地皆由諾曼人代代相傳的「王朝」統治。

這個時代出現了一位傳說中的俠盜，名叫羅賓漢。他以雪伍德森林※為據點，到處行俠仗義，拯救深受暴政之苦的民眾。
羅賓漢
塔克修士
小約翰
羅賓漢是英國吟遊詩人所創造出英雄。

※**雪伍德森林（Sherwood Forest）**：分布於英格蘭中部諾丁漢（Nottingham）地區的森林。至今仍留有與羅賓漢傳說相關的史跡。

理查一世	●英格蘭王	生卒年 1157～1199年
約翰（無地王）	●英格蘭王	生卒年 1167～1216年
羅賓漢	●義賊【傳說人物】	生卒年 不明

羅賓漢崛起的背景

好萊塢曾多次將俠盜羅賓漢的生平事蹟拍成電影。每次總是會出現幾個固定班底，理查一世與無地王約翰就是最好的例子。前者為金雀花王朝第一任國王亨利二世的第三個兒子，後者則是其小兒子。亨利二世死後由理查一世即位，理查一世死後則由約翰繼承王位。

理查一世因為參與第三次十字軍東征而聲名大噪，並被封為獅心王。他為了保住繼承的法國西半部領地而忙於戰事，雖然身為君王，但停留在英格蘭的時間加起來只有半年多。儘管如此，透過後世流傳的故事，理查一世仍然大受歡迎。

亨利二世生前所規劃的財產分

1189年繼位成為英格蘭王的理查一世才剛即位沒多久，就應羅馬教宗的籲請而參與第三次十字軍東征※。
理查一世
所有人聽令，目標為聖地耶路撒冷！
但另一方面，龐大的戰爭費用導致國庫空虛，人民被沉重的稅賦壓得喘不過氣。
我們攜手合作，創造雙贏局面。
竊竊私語
這樣好！
菲利浦二世
約翰
在理查一世出征期間代理政務的弟弟約翰王子，則助長了暴政。他因聽信法國國王菲利普二世※的讒言而忙於權謀算計，意圖謀反篡位。
在羅賓漢的故事中，則分別給了他們一記教訓。被描寫成惡人的「約翰王子」終於即位為英格蘭王，但因失去大部分的領土而被稱為「無地王」。
這是我們的土地！

※ **十字軍東征**：11世紀至15世紀，西歐基督教徒往東歐與中近東各地所發動的軍事遠征。主要目的在於，從伊斯蘭教徒手中奪回與保衛耶路撒冷聖墓。

※ **菲利普二世（1165～1223年）**：法國卡佩王朝國王。與理查一世一同參與第三次十字軍東征，因兩人失和而歸國。日後則因法國國內的領土之爭與約翰展開對決。

配，並未將年幼的小兒子約翰列入名單當中，他因此被戲稱為「無地王」。

沒想到約翰長大繼承王位後，這個綽號竟然成真。約翰不斷敗給法國國王菲利普二世，除了亞奎丹地區外，失去了歐洲大陸的所有領地。他還為了籌措戰爭費用而向人民課重稅，從此脫離不了橫征暴斂的形象，而在這樣的背景下，也誕生了劫富濟貧的俠盜傳說。

後續影響！

約翰失去亞奎丹以外的所有歐洲大陸領地。亦失去對布列塔尼的影響力

失地

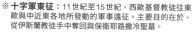

拒絕向英格蘭屈服的蘇格蘭兩大英雄

愛德華一世vs華勒斯&羅伯特一世

Edward I VS Wallace, Sir William & Robert I

安放於倫敦西敏寺的「聖愛德華寶座」，是歷代英格蘭王舉行加冕典禮時所使用的座椅。
這張寶座的下方放置著過去被稱為「斯昆石※」的石頭。這塊石頭乃是歷代蘇格蘭王在加冕典禮時所用之物。
我就把這塊石頭當成戰利品收下啦。
愛德華一世

英格蘭的高壓統治，引起蘇格蘭強烈反彈。其中尤以民眾發起的抗爭運動為主。
領袖華勒斯因貴族向愛德華一世通風報信而遭到處死，判軍的憤怒也因而到達了頂點。
華勒斯

※**斯昆石**：原本被安置於斯昆宮，但在1296年英格蘭將蘇格蘭納入統治版圖時，被愛德華一世帶回英格蘭。直到1996年，相隔700年才予以歸還。現在則存放於愛丁堡城堡。

愛德華一世	華勒斯	羅伯特一世
●英格蘭王	●蘇格蘭愛國志士	●蘇格蘭王
生卒年 1239～1307年	生卒年 約1272～1305年	生卒年 1274～1329年

王儲專屬封號的由來

史特林城堡（Stirling Castle）是蘇格蘭知名的觀光景點。城門前立著羅伯特一世的雕像，從這裡還可遠望威廉・華勒斯紀念碑。這兩人是13世紀蘇格蘭獨立運動的靈魂人物，而被他們視為敵人的則是英格蘭王愛德華一世。

愛德華一世為無地王約翰的孫子，在位長達35年，為了處理內政與外交而忙得不可開交。

在愛德華為數眾多的事蹟中，如果要舉出最具代表性的一項，那就是實際將威爾斯納入英格蘭的統治之下，並且授予長子威爾斯親王（Prince of Wales）的封號。自此之後，賜予王儲這項封號成為慣例

※**愛丁堡城堡**：位於蘇格蘭首都愛丁堡的城廓。相傳建於7世紀左右的城塞乃愛丁堡的起源。城內展示著蘇格蘭王族的王冠與寶石等物。

並延續傳承至今。

蘇格蘭王位繼承問題

蘇格蘭自從1290年阿索爾（Atholl）王族的直系斷嗣以來，旁系的布魯斯（Bruce）家族與巴里奧（Balliol）家族之間，便持續在檯面下暗鬥。從中介入的愛德華一世不但讓巴里奧繼承王位，還使其承認英格蘭的宗主權。

蘇格蘭的不滿日漸高漲，由於被要求出兵攻打法國而爆發了抗爭行動。身為領袖的華勒斯因而威名遠播，在他被處死後，布魯斯家族的羅伯特躍上檯面，並於1306年登基。

後續影響！

華勒斯與羅伯特一世兩人的故事在1995年也被改編為電影《梅爾吉勃遜之英雄本色》（Brave Heart），並榮獲奧斯卡最佳影片獎。這兩人的事蹟仍對現代蘇格蘭的獨立風潮與政治展望產生影響。

發動百年戰爭的最大目的在於統一不列顛島

愛德華三世&愛德華（黑太子）

Edward III & Edward The Black Prince

與法國展開百年戰爭的愛德華三世，其中一項著名事蹟就是為英國奠定「騎士※」制度。

騎士為了保護身體免於受石弓攻擊而會穿著重裝備，對護具上的裝飾亦相當講究。愛德華三世的兒子愛德華酷愛黑色的鎧甲，因而被稱為「黑太子」。

黑太子愛德華
愛德華三世
這是我最引以為傲的兒子。

※**騎士**：遵守奠基於基督教教義的「騎士道」精神乃騎士之義務。必須符合品格高潔、對弱者友善，在戰場上驍勇善戰的要求。

愛德華三世	愛德華（黑太子）
●英格蘭王	●英格蘭王太子
生卒年 1312～1377年	生卒年 1330～1376年
出身 溫莎（ENG）	出身 伍德斯托克（ENG）

當時被視為眼中釘的法國

愛德華三世為愛德華一世的孫子，讓蘇格蘭完全臣服於自己麾下乃其夙願，但首先必須讓與蘇格蘭為同盟關係的法國不要介入。而另一方面，法國國王菲利普六世亦認為，要併吞亞奎丹地區，必得先削弱愛德華三世的力量。

1337年，法國東北部的佛蘭德（Flandre）地區發生了叛亂，就此開啟舉世聞名的百年戰爭。菲利普六世乃瓦盧瓦王朝的第一任君王，愛德華三世則因為母親為前王族（卡佩家族）成員，而主張自己才是正統的法國國王接班人。

愛德華三世有個相當傑出的兒子，亦即日後被稱為黑太子的長男

最具代表性的象徵則是1348年愛德華三世所創設的「嘉德騎士團」。當時用來證明騎士身分的「嘉德勳章※」，至今仍是英國最高等級的勳章。
HONI SOIT QUI MAL Y PENSE

騎士必須絕對效忠於君王。然而，對於騎馬的騎士而言，重裝備在實戰中完全派不上用場。
動作遲鈍

愛德華三世因而下達了指示，騎士在戰鬥時必須下馬，並將行動敏捷的弓兵與步兵集中起來，利用長弓與投石器發動攻擊。
騎士道精神與實戰必須分開來看。
有別於傳統騎士戰的作戰方式，讓法軍吞下了敗仗。在這之後作戰方式大幅改變，大砲與火藥接力登場。

※**嘉德勳章**：現在為國家元首或特別的騎士所佩戴。習慣繫於左膝下方。勳章上則刻有「心懷邪念者蒙羞（Honi soit qui mal y pense）」這句格言。

愛德華。

黑太子當然明白父親對自己的期待，本人也懷抱著強烈的責任感來應戰。畢竟亞奎丹是封給自己的領土，無論如何都得死守。

1346年，當時僅16歲的黑太子參與了克雷西會戰（Battle of Crécy），並發揮出色的作戰能力帶領軍隊獲勝。日後愛德華亦持續交出輝煌的戰果，1356年的普瓦捷戰役（Battle of Poitiers）不但打了勝仗，甚至還活捉法國國王約翰二世，立下了大功。

後續影響！

英格蘭王在法國的領地因《加萊條約》而擴大

擴大

泰勒

Tyler, Wat

如彗星般乍現，僅僅8天便殞落的謎樣男子

當時農民的身分為農奴，人身自由遭到地主剝奪。農民的怒火愈燒愈烈，加入起義的人數也愈來愈多，抵達倫敦時已接近6萬人。
鮑爾※神父旁邊的人是誰？
我也不清楚，好像是賣磁磚的（泰勒），名字叫做瓦特。走吧！
約翰・鮑爾
瓦特・泰勒
各地蜂起的農民殺害了財政大臣。當時年僅14歲的英格蘭王理查二世遂出面進行協商。
我們要求廢除農奴制度，還有嚴懲中飽私囊的貴族。
理查二世

※ **約翰・鮑爾（？～1381）**：負責前往各地布道的神職人員。亦為起義運動的精神領袖。在起義遭到鎮壓之後被處死。在農家與從事手工業的民眾間深耕約20年，對人民的思想帶來極大的影響。

●農夫・前士兵

生卒年　?～1381年

出身　不明

事蹟　帶領群眾起義，攻入倫敦。要求減輕人民的負擔

英格蘭亦躲不過黑死病的摧殘

雖說純屬巧合，但百年戰爭與黑死病（鼠疫）在歐洲大流行的時期是重疊的。

當時的黑死病是源自1346年的克里米亞半島，隔年隨著貿易船傳播至西西里，並於下一年年初擴散至南義大利與法國南部的港灣地區，接著擴及整個歐洲大陸。

同年8月，黑死病於英格蘭現蹤。11月已蔓延至倫敦，翌年春天更擴及英格蘭全域。1348年至往後的2年間是英格蘭第一波黑死病的高峰，平均每5人就有1人死亡，有些地方甚至每3人就有1人病歿，這場疫情讓英格蘭失去了一半的人口。

我答應廢除農奴制度。現在就簽署文件吧。
太好了！
現在還不能安心。必須讓他同意我們所有的要求。
且慢！
竟敢對國王如此不敬！
泰勒被倫敦市長威廉·沃爾沃斯（William Walworth）持刀砍傷※倒地不起，國王隨即離開現場。
理查二世出爾反爾，不承認先前的承諾。然而，失去領導人的起義軍已無力再反抗。
當亞當耕種，夏娃紡織時，誰才是領主呢？

※**持刀砍傷**：泰勒的頭部與頸部受到重傷，雖被送往醫院救治，但之後被市長下令處死。

為解放農奴挺身而出的起義領袖

百年戰爭導致軍事支出增加，而人口又因為黑死病而銳減。由於課稅對象變少，只得加重每位納稅人的負擔。領主們因此提高稅賦，國王與議會則決定導入人頭稅。

人民不願租稅負擔變重，於是選擇以逃稅的方式來因應，國王與議會見狀遂強力執行人口普查與徵稅。官員所到之處皆有民眾起義，其中兩名領導者為抨擊階級制度的約翰·鮑爾（John Ball）與瓦特·泰勒。

攻入倫敦的起義民眾提出了廢除農奴制度、恩赦起義人士、減免地租等條件，並獲得有關當局的首肯，滿意地踏上歸途。只有泰勒所率領的團體為了要求更大幅的讓步而持續抗爭，然而倫敦市長卻趁著泰勒落單時親手將其殺害。

COLUMN

英國國教前史
提升坎特伯里權威性的偉人

若要在英格蘭進行朝聖之旅，千萬不能錯過坎特伯里大教堂。這座深深吸引虔誠信徒的大教堂，因為貝克特與喬叟等人流芳百世的偉業而聲名遠播。

坎特伯里大教堂乃是英國國教的中心，其歷史可追溯至英國國教成立以前。

坎特伯里大教堂於6世紀末所創建，直到12世紀末才成為國內赫赫有名的聖地。這與當時擔任坎特伯里大主教的湯瑪士・貝克特有關。

貝克特除了神職人員的身分外，同時還是英格蘭王亨利二世的家臣。亨利二世之所以向坎特伯里大教堂舉薦貝克特，也是因為深信他會以家臣的立場為優先。然而，情況卻出乎亨利二世所料，貝克特明確地表態，自己支持教會擁有不受世俗權力左右的自由。

此一舉動無疑是公然與亨利二世作對，貝克特因此在法國度過長達6年的流亡生活，但他的想法始終未曾改變。後來親國王派的主教將其逐出教門成為致命的一擊，1170年12月29日，貝克特慘遭受命於亨利二世的4名騎士所殺害。

不久後，教宗將貝克特列入聖人之列，坎特伯里大教堂因而一躍成為遠近馳名的聖地。

提升坎特伯里大教堂權威性的人

Chaucer, Geoffrey
喬叟
（約1340～1400）
《坎特伯里故事集》作者

Becket, Thomas á
貝克特
（約1118～1170）
坎特伯里大主教

大教堂於11世紀竣工，當時為羅馬式建築。遭祝融燒毀後，於12～16世紀重建為哥德式風格。

物，除了貝克特外，還必須提及另一人。他就是寫下《坎特伯里故事集》這本未竟名著而廣為人知的詩人傑弗里・喬叟。

這本書是以故事集的方式，描述前往坎特伯里大教堂朝聖的一行人所講述的人生經歷，從宮廷風的騎士物語到幽默逗趣的不倫情節樣樣都有，內容相當豐富多元。所有的登場人物其實都是喬叟的分身。

朝聖團共有29名成員。除了君王與乞丐外，上至騎士、修士，下至麵粉小販、廚師與紡織女，含括各種社會階層的人。這些角色所述說的內容包羅萬象，從說教意味濃厚的故事到聖徒傳、男女羅曼史、滑稽笑料等應有盡有。書中由旅館主人負責擔任聆聽者，每當聽完一個故事，他便會再發表一段評論然後作結。

DATA

坎特伯里的歷史

601年	奧古斯丁被羅馬教宗派赴此地就任大主教。
1170年	貝克特遭暗殺。
1173年	貝克特被封為聖人，開始吸引許多朝聖者前來。
1174年	諾曼時期的聖壇因為火災而被燒毀。
1387年	《坎特伯里故事集》問世。
1534年	與羅馬教會分離。克蘭默大主教准許亨利八世離婚。
1559年	因「禮拜式統一令」而成為英國國教的中心。

於祭壇前遭到殺害的貝克特。

亨利五世

Henry V

趁著法國內亂渡海進攻，取得代理國王的權限

亨利五世重啟百年戰爭。他運用長弓隊，於阿金庫爾※等戰役中殲滅以人數取勝的法國騎兵隊，大獲全勝。

亨利五世迎娶法國國王之女凱薩琳為王妃，成功地讓法國承認其王位繼承人的身分。
亨利五世
然而，凱薩琳在2年後因為罹患痢疾驟逝。英格蘭與法國再度陷入交戰狀態。

※**阿金庫爾戰役**：1415年於加萊東南部的阿金庫爾爆發戰事。英格蘭以約6000人的長弓隊，擊敗了法國約2萬人的騎兵隊與步兵隊。

●英格蘭王

生卒年 1387～1422年

出身 蒙茅斯（WAL）

事蹟 於阿金庫爾戰役獲勝，締結有利於英格蘭的條約

屢戰屢勝，一舉攻抵巴黎城牆

1360年以降，英法兩國之間曾經數度締結休戰協定。因為雙方皆有內亂之憂，法國為勃艮第派（Bourguignons）與阿馬尼亞克派（Armagnacs）反目，衝突不斷。英格蘭則是從金雀花王朝轉變為蘭開斯特王朝，而這個新王朝的第二任君主即為亨利五世。

提到亨利五世就會令人想到，英國電影界巨擘蘭克於1945年所製作的同名作品。

在第二次世界大戰期間，蘭克與政府攜手合作，推出了好幾部以提高國民戰鬥意志為目的的電影。《亨利五世》（奧利弗導演之作）也是其中一部，之所以會選這位君

後世對亨利五世的觀感，受到莎士比亞的戲曲極大的影響。莎翁在《亨利五世※》中，將其描寫成出征法國，具有雄心壯志的君王。這部作品中的「聖克里斯賓節※演說」則是相當著名的橋段。

描述亨利五世在阿金庫爾戰役前鼓舞士兵的情景。

「今日是聖克里斯賓節。
（中略）
今日與我一同流下鮮血者，
乃吾之同胞，
無論過去身分有多卑賤，
自今日起皆與仕紳同列。
現正於英國呼呼大睡的仕紳們，
在往後的聖克里斯賓節，
聽到曾與我們並肩作戰的同袍
訴說此事時，肯定會對今日的缺席
感到遺憾，認為自己不配做個
男子漢吧。」

（日文版為坪內逍遙譯）

※**《亨利五世》**：相傳莎士比亞寫於1599年，並於宮廷演出。這是一部為了宣揚國威而創作的愛國史劇，大大刺激了當時民眾的國民意識。

※**聖克里斯賓節**：10月25日，克里斯平與克里斯皮尼安（Crispinus & Crispinianus）的命名日。現在的天主教會已不在聖人曆中列出此節日。

王當作題材，正是相中他在對外戰爭中取得的輝煌勝利。

相對於英格蘭國內逐漸恢復安定，法國的內亂卻達到最高峰。在此情勢下，亨利五世決定重啟百年戰爭。

所向披靡的英格蘭王亨利五世於1415年10月25日的阿金庫爾戰役中，宛如重現當年黑太子於普瓦捷戰役的風采般，大獲全勝，並於1420年5月21日簽訂了《特魯瓦條約》。亨利五世不但取得法國國王查理六世的國王代理權限，先前占領的土地也獲得承認，可說是實現了大半的夢想。

後續影響！

英格蘭王收復在法國的失地而擴大了領地

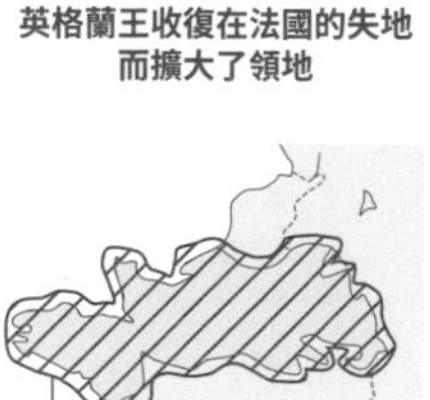

理查三世 VS 亨利七世

內亂導致封建貴族接連家系斷絕，因而開啟君主專制制度

Richard III VS Henry VII

亨利五世死後，蘭開斯特家族與約克家族為了爭奪王位而爆發衝突，隨後發展成內戰。

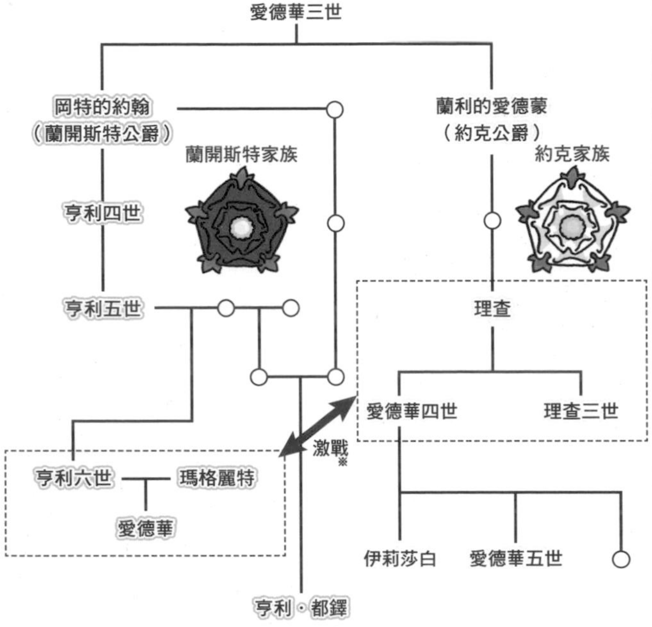

愛德華三世
岡特的約翰
（蘭開斯特公爵）
蘭開斯特家族
蘭利的愛德蒙
（約克公爵）
約克家族
亨利四世
亨利五世
理查
愛德華四世
理查三世
激戰※
亨利六世
瑪格麗特
愛德華
伊莉莎白
愛德華五世
亨利・都鐸

約克公爵理查戰死沙場，由兒子愛德華繼位，與蘭開斯特家族歷經一番激戰後，將亨利六世一族趕盡殺絕。愛德華原以為這樣已讓可恨的蘭開斯特家族斷後，卻忽略了流亡至布列塔尼的旁系亨利・都鐸。

※**激戰**：戰況變得激烈的原因，除了1399年從金雀花王朝轉換為蘭開斯特王朝時，王族之間所發生的恩怨外，貴族的家臣在歷經百年戰爭後習於使用暴力也造成很大的影響。

理查三世
●英格蘭王
生卒年 1452～1485年
出身 福瑟陵蓋城（ENG）

亨利七世
●英格蘭王
生卒年 1457～1509年
出身 彭布羅克城（WAL）

英國史上著名的嗜血君王

亨利五世死後，英法之間的戰況也隨之改變，英格蘭於1453年失去加萊以外的所有歐洲大陸領土，百年戰爭終於結束。2年後，英格蘭本土則爆發被稱為玫瑰戰爭的內戰，在這段期間，英格蘭也從蘭開斯特王朝轉換為約克王朝。

然而，內亂仍持續不斷。首任國王愛德華四世駕崩後，其弟格洛斯特公爵（Duke of Gloucester）理查不但將亡兄的2名遺孤幽禁於倫敦塔，還將外戚里弗斯伯爵（Earl of Rivers），以及擔任遺孤監護人的重臣們一一肅清。不僅如此，他還命人到處去宣傳亡兄只不過是庶子，自己才是唯一的嫡子，並即位

愛德華四世死後，兒子愛德華於12歲時即位。然而，被指派為攝政王，負責輔佐愛德華直到成年的先王之弟理查卻窩裡反。
愛德華五世※
先王與平民的婚姻無效。因此王子沒有繼承權。
理查三世
他將年幼的君王與其弟幽禁於倫敦塔，並自封為理查三世。
可想而知，此舉在貴族之間引起批評浪潮。
亨利·都鐸見狀便趁機揮兵進軍。許多對約克家族與理查三世感到不滿的人紛紛支持他，亨利·都鐸最終取得了勝利。
亨利七世
成為亨利七世後，他與約克家族的伊莉莎白結婚，並將都鐸家的徽章改為紅白玫瑰樣式，終於為玫瑰戰爭劃下句點。

※ **愛德華五世（1470～1483）**：在被幽禁後遭到廢黜，相傳與弟弟在塔中遇害身亡。

成為理查三世。

利用傳說來塑造形象的戰略

對理查三世即位一事提出異議的人是，繼承蘭開斯特家族與威爾斯王族血脈的里奇蒙伯爵（Earl of Richmond）亨利。

亨利與愛德華四世之女伊莉莎白訂下婚約之後，便動身前往不列顛島。威爾斯的貴族不斷集結起來力挺亨利，於是亨利便借助這股力量，在博斯沃思原野戰役（Battle of Bosworth Field）中擊敗理查三世，接著登基成為亨利七世，開啟都鐸王朝。

亨利七世不僅透過武力鎮壓反對他即位的人，同時還將象徵蘭開斯特家族的紅玫瑰與象徵約克家族的白玫瑰結合，設計出新的徽章圖案。此外，他還特意讓懷有身孕的妻子造訪與亞瑟王傳說有所淵源的溫徹斯特，並將誕下的男嬰取名為亞瑟等等，致力於營造自我形象。

COLUMN

帶動經院哲學發展的先賢

追求信仰與理性的共存與統合

Anselms
安瑟倫
（1033～1109）
哲學家・神學家
William of Ockham
奧坎的威廉
（約1285～約1349）
神學家・邏輯學家
Bacon, Roger
羅傑・培根
（約1214～約1292）
哲學家・神學家

中世紀歐洲對內面臨東西教會的分裂與異端的崛起，對外則必須面對新興的伊斯蘭教勢力。在這樣的情況之下，力圖結合信仰與理性的經院哲學（Scholasticism）應運而生。英格蘭的先驅是日後被稱為「經院哲學之父」的安瑟倫。他出身北義大利，自1093年開始擔任坎特伯里大主教直到身故，並撰寫了討論《神何以成人》這本書。

在安瑟倫之後為英國的經院哲學帶來劃時代改變的是羅傑．培根。他秉持著無知即為有害的觀點，倡導提升知識水準與數學的重要性，同時亦留下光學、醫學、占星術、煉金術等相關著作，因博學多聞而被譽為「奇異博士」。

吸收兩位前輩的智慧，繼而嶄露頭角的是奧坎的威廉。

中世紀的教會經常會發生一般人無法理解的爭論，被稱之為共相問題（Problem of universals）的爭論便是其中一個例子。唯實論（Realism）主張普遍的概念是客觀實在的，唯名論（Nominalism）則主張個體才是真實的存在，彼此對立。出身英國的威廉則是後者具代表性的人物。

經院哲學是在修道院學校（學院）發展而成的。

Chapter

4

大航海時代與伊莉莎白女王統治下的盛世

1486年 **亨利七世與約克家族的伊莉莎白結婚，約克家族與蘭開斯特家族成為姻親。**

1488年 迪亞士抵達非洲最南端。

1492年 天主教征服伊比利半島。哥倫布抵達美洲大陸。

1494年 義大利戰爭開打。

1498年 航海家瓦斯科・達伽馬抵達印度。

1502年 **被視為亨利七世接班人的亞瑟王太子過世，亨利王子繼承王位成為亨利八世。**

1509年 **亨利八世透過聯姻與西班牙結為同盟。**

1517年 馬丁路德提出《九十五條論綱》。

1521年 **亨利八世獲教宗頒授「信仰捍衛者」的封號。**科爾特斯推翻阿茲特克帝國。

1526年 蒙兀兒帝國的巴布爾進軍印度。

1533年 **安妮・博林與亨利八世之女伊莉莎白誕生。**皮薩羅推翻印加帝國。

時代背景與概要

英國的宗教改革始於亨利八世的離婚問題。亨利八世認為有必要迎娶新妻子來傳宗接代，但欲達成此目的必須獲得教宗背書，承認他與出身**哈布斯堡家族**的妻子婚姻無效。亨利八世明白這是不可能的事，因此決定與天主教分道揚鑣。

儘管亨利八世此舉堪稱明智，但從他的施政來看，就會看到另一面。那就是財政上的問題。

進入11世紀後，德國國王與教宗之間曾短暫發生敘任權鬥爭。

高階神職人員的任命權究竟應該歸屬於國王還是教宗，此乃最大的爭論點，隨著王權與教權愈發強大，這也注定成為無法避免的衝突。

英格蘭的情況則相當特殊，由於威廉一世在11世紀時斷然否決教宗的監督權，因此約從14世紀開始，教宗

KEY WORD

哈布斯堡家族（House of Habsburg）

由於歐洲政局是以哈布斯堡家族為中心運作，再加上為了對抗在蘇格蘭背後為其撐腰的法國，因此亨利八世在剛即位時，對該家族非常恭敬，甚至應其要求出兵參與義大利戰爭。

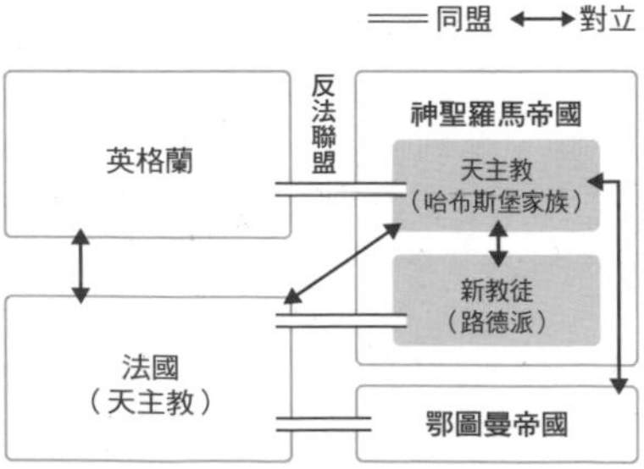

══ 同盟 ⟷ 對立
英格蘭
反法聯盟
神聖羅馬帝國
天主教
（哈布斯堡家族）
新教徒
（路德派）
法國
（天主教）
鄂圖曼帝國

在歐洲各國引發紛爭的宗教改革時代

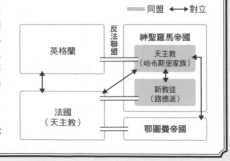

1534年	亨利八世成為英國國教的最高掌權者。 於巴黎創立耶穌會。
1541年	約翰・加爾文進行宗教改革。
1542年	蘇格蘭的詹姆斯五世不敵亨利八世，瑪麗成為蘇格蘭女王。
	亨利八世駕崩，愛德華六世即位。
	愛爾蘭王國成立。
1553年	新教徒珍・葛雷女爵登基成為女王，信奉天主教的瑪麗公主被廢黜（不久後便被處死）。
1558年	瑪麗一世認可伊莉莎白的王位繼承權。
1559年	伊莉莎白一世即位成為英格蘭女王。
1560年	織田信長於桶狹間之戰打敗今川義元。
1562年	英格蘭軍占領勒阿弗爾，但在數個月後被奪回。
1569年	英格蘭北部發生動亂。

對國王任命的人進行追認遂成為一種慣例。

然而，國王與教宗之間的權力消長，亦牽動許多事物變化。

在亨利八世開始進行宗教改革的時候，英格蘭境內的修道院數量超過800座，擁有全國約四分之一的土地。一年的收入足以與國庫的經常收支匹敵，財力甚至凌駕於國王之上。

一手成立**英國國教**的亨利八世於1536年對外頒布《小修道院解散法》，接著又在3年後祭出《大小修道院解散法》，將修道院名下擁有的土地與值錢的財物全數沒收。其所牽涉到的金額之大，實在令人不得不懷疑，這樣的政策根本毫無道理。

在亨利八世的孩子當家後，可謂進入與天主教諸國抗爭的時代。

與此同時，亦開啟了英國大航海時代。

自詡為天主教守護者的西班牙哈布斯堡家族的費利佩二世迎娶瑪麗一世為妻。

費利佩二世在瑪麗一世死後，隨

KEY WORD

英國國教

由於成立背景的緣故，在新教諸教派中最接近天主教，因而被稱為「橋梁教會」。允許神職人員結婚。

接受克蘭默大主教洗禮的伊莉莎白一世

1585年	**蘇格蘭女王瑪麗協助暗殺伊莉莎白一世的計畫，但因事跡敗露而被處死。**
1586年	**伊莉莎白一世簽訂《楠薩奇條約》，協助荷蘭獨立，脫離西班牙統治。**
	豐臣秀吉成為太政大臣。
1588年	**西班牙無敵艦隊在格瑞福蘭海戰被擊敗。**
	荷蘭共和國成立。
1589年	法國成立波旁王朝。
1594年	**愛爾蘭發生九年戰爭。**
1603年	**伊莉莎白一世駕崩，詹姆斯一世即位。**
	德川家康受封為征夷大將軍。
1607年	**英格蘭於維吉尼亞殖民地建設詹姆斯鎮。**
1609年	**正式展開對阿爾斯特地區的殖民。**
	詹姆斯鎮因母國物資短缺，發生大饑荒。
1610年	**英格蘭人哈德遜出發前往哈德遜海峽探險。**
1611年	**詹姆斯一世下令翻譯的《欽**

即向登上王位的伊莉莎白一世求婚。透過聯姻來擴張版圖乃哈布斯堡家族的看家本領，伊莉莎白一世則是四兩撥千金地巧妙化解。

以當時英格蘭的國力來看，若真與西班牙交戰，可以說毫無勝算。於是，伊莉莎白一世在1585年決定援助力抗西班牙的荷蘭，以期達到分散與削弱西班牙軍力的目的。

相對於此，西班牙則判斷，如果要平定荷蘭就必須阻斷英格蘭對其的援助，故應實施登陸作戰，因而派遣130艘艦隊（無敵艦隊），載運約3萬名士兵。

英格蘭毫無勝算。

假若採用碰撞敵船，接著攻入船內的傳統戰術，肯定沒有機會獲勝。

因此，英格蘭改以靈活輕便的小型船為主力，並搭載射程較遠的輕砲裝備。

這項不按牌理出牌的戰術奏效，英格蘭最終大獲全勝，成功阻止了西班牙軍登陸。

KEY WORD

殖民地

北美大陸最初的英屬殖民地建立於1607年。以當時的國王之名命名為詹姆斯鎮（Jamestown），總共約有100位居民。1630年時已增加至2500人左右。

建於詹姆斯鎮的防禦牆

	定版聖經》出版。
1618年	德國發生三十年戰爭。
1620年	朝聖先輩（來自英格蘭的清教徒）抵達麻薩諸塞海岸。
1622年	詹姆斯鎮約有300名殖民者遭波瓦坦族殺害。
1623年	詹姆斯一世之子查爾斯向西班牙國王費利佩四世之女示好，令英格蘭的新教徒群情激憤。
1625年	詹姆斯一世駕崩，查爾斯一世即位。
	查爾斯一世與身為天主教徒的法國公主結婚。
1629年	查爾斯一世解散與其對立的議會，展開專制政治。

英格蘭在這個時期，終於正式往外發展。

由於毛織物這項主要產業陷入嚴重不景氣，為了尋求解方，開拓新航路與新市場遂成為燃眉之急。

1600年所設立的東印度公司就是為了獨占亞洲貿易市場的特許公司，這也是英國用來振興貿易的策略之一。確保貿易據點的做法逐漸演變為擴展**殖民地**。

伊莉莎白一世在內政外交上鞠躬盡瘁，在她死後，都鐸王朝的血脈也隨之斷絕，並開啟了**斯圖亞特王朝**時代的幕幃。

KEY WORD

斯圖亞特王朝

斯圖亞特家族為布列塔尼出身的貴族，該王朝於1371年開始統治蘇格蘭。瑪麗・斯圖亞特的祖母為亨利七世之女。

瑪麗・斯圖亞特與詹姆斯一世

亨利八世

Henry VIII

具有強大的權力與個人魅力，大幅改變國家慣習的專制君王

致力於強化王權的亨利八世重用親信，推動中央集權。
1
2
3
4
5
6
此外，由於一心想早日生下接班人，甚至換了5位王妃。
亨利八世
第一任王妃為亞拉岡的凱瑟琳※。這是為了與西班牙結為同盟的政治聯姻。
妳這個女人一點都不可愛。反正我跟妳之間就是策略婚姻啦！
這未免也太過分了。
送秋波

※**亞拉岡的凱瑟琳（1485～1536）**：父親為亞拉岡王斐迪南二世，母親為卡斯蒂利亞女王伊莎貝拉一世。瑪麗一世的生母。

●**英格蘭王**

生卒年 1491～1547年

出　身 格林威治宮（ENG）

事　蹟 創設英國國教，並解散所有的修道院

極欲生下男丁而強行進行宗教改革

自從諾曼征服以來代代傳承的英國封建貴族，幾乎都在玫瑰戰爭中絕嗣。這對都鐸王朝而言反而是件幸運的事，亨利八世繼承父親亨利七世的王位，力圖進一步強化王權。為此，他滿心盼望能早日誕下接班人，無奈王妃亞拉岡的凱瑟琳（Catherine of Aragon）卻僅生下一女。

由於天主教採行一夫一妻制，所以不允許納妾。原則上亦禁止離婚，如果無論無何都要另娶新妻的話，就必須獲得教宗背書，承認目前的這段婚姻無效。然而，當時的狀況可謂難如登天。

時任教宗的克勉七世對神聖羅

亨利八世與凱瑟琳離婚後，迎娶貌美的女侍安妮・博林（Anne Boleyn）※為王妃。
我為了妳不惜跟天主教會撕破臉，但妳卻生不出兒子，這像話嗎！
第三任王妃珍・西摩（Jane Seymour）則誕下了日後的愛德華六世※。
嘿嘿，我殷殷期盼的接班人終於誕生啦。
然而，小王子不久後便撒手人寰。
他與第四任王妃克里維斯的安妮（Anne of Cleves）從未有過夫妻關係，第五任王妃凱薩琳・霍華德（Catherine Howard）則紅杏出牆，這兩段婚姻皆很短暫。
國王很容易感到厭倦，像個孩子。
凱薩琳。
亨利50歲時所娶的最後一任王妃凱薩琳・帕爾（Catherine Parr），曾有過兩段婚姻。5年後亨利逝世，她又再度改嫁。

※**安妮・博林（1507～1536）**：原為法國王妃的女侍，於1522年歸國。雖生下公主（後來的伊莉莎白一世），但因通姦、近親相姦罪等而被處死。

※**愛德華六世（1537～1553）**：在位期間為1547～1553年。因為年幼之故，由珍・西摩的兄長薩默塞特公爵（Duke of Somerset）擔任攝政。於15歲時逝世。

馬帝國的皇帝查理五世（亦即西班牙國王卡洛斯一世）唯命是從。查理五世乃亞拉岡的凱瑟琳的外甥，絕不可能允准這件令姨母蒙羞的離婚案，因此要教宗說服皇帝同意這件事，形同天方夜譚。

既然如此，亨利八世不得已只好祭出非常手段。他於1533年制定《上訴限制條例》與《王位繼承法》，翌年接著又頒布《至尊法案》，創設以國王為領袖的英國國教，正式與天主教分道揚鑣。

後續影響！

國王成為教會的實質最高領導人，朝君主專制邁進

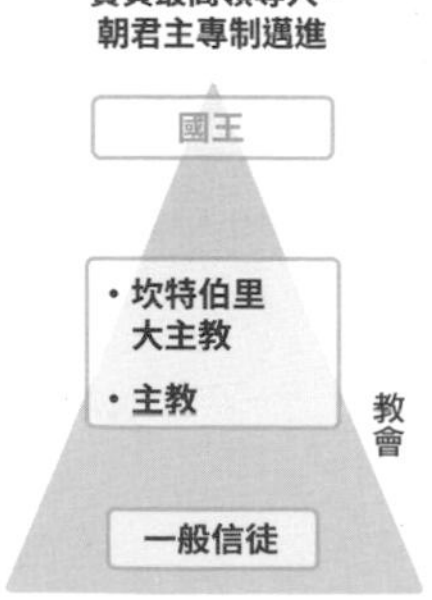
國王
・坎特伯里大主教
・主教
教會
一般信徒

摩爾

More, Sir Thomas

身為國王的親信，卻對教宗更為忠誠

●法律專家．政治家
生卒年 1478～1535年
出身 倫敦（ENG）
事蹟 寫下諷刺社會的名著《烏托邦》

深受國王器重的法律專家

亨利八世推行的宗教改革，可想而知一定會引起神職人員的強烈反彈。不過，除了神職人員之外，也有其他人對此表示異議。箇中代表就是寫下《烏托邦》一書而赫赫有名的湯瑪斯・摩爾。

摩爾出生於法律世家，從13歲開始，他便在身兼亨利七世的大法官（秘書長）與坎特伯里大主教的莫頓家，持續做了好幾年的打雜工作。在大學與法學院的學習結束之後，摩爾曾經一度煩惱究竟是要成為神職人員還是律師，最終選的是後者。他在歷經2年的律師生活後出任官職，曾任治安法官與下議院議員等職務，而獲得亨利八世的青

這可是陛下的旨意呀，摩爾大人。
噢，克倫威爾，你支持我嗎？
……
虔誠的天主教徒※摩爾因而失勢，被以叛國罪名囚禁於倫敦塔。
判處摩爾死刑!!

倫敦塔是建於中世紀的堡壘。
現今則被指定為世界文化遺產。倫敦塔內設有監獄，也曾數度在此執行死刑。

在倫敦塔遭到處死的歷史名人

1471年	亨利六世
1483年	愛德華五世、約克公爵理查
1535年	湯瑪斯・摩爾
1536年	安妮・博林（犯下通姦等罪）
1540年	湯瑪斯・克倫威爾（Thomas Cromwell）（向亨利八世舉薦第四任王妃，但惹得龍心不悅而被遷怒）
1542年	凱薩琳・霍華德（亨利八世的第五任王妃。被判處通姦罪）
1554年	珍・葛雷
1601年	埃塞克斯伯爵羅伯特・德弗羅（Robert Devereux）

你才可怕咧！
真的好恐怖喔……

※ **天主教徒**：堅守信仰的摩爾於1935年被天主教會列為殉教者，並在逝世400年後被封為聖人。紀念日為6月22日。為政治家與律師的主保聖人。

睞，於1529年就任大法官。

對不公不義的現狀感到憂慮

摩爾與伊拉斯慕士（Desiderius Erasmus）等文藝復興的人文主義者有很深的交情，同時也是一名虔誠的天主教徒。因此，他雖然能接受國王拿回王位繼承者的決定權，但無論如何就是無法認同國王自封為英國國教至高無上的唯一首領，並否定教權的作為。

最信賴的親信居然和自己唱反調，這無異是挑戰國王的權威。摩爾因此被冠上叛國罪的罪名，在倫敦塔遭到處死。

相傳摩爾的遺言為「我是神的僕人，無人能居於前」。

後續影響！

摩爾心目中的理想世界是不存在私有財產與貨幣的社會，因此有時亦被視為近代社會主義之父。此外，他也因為從政時的務實作風而成為政治人物典範。

伊莉莎白一世

Elizabeth I

為了讓英格蘭存活下來而嫁給國家的童貞女王

1592年
女王陛下這身裝扮實在是太美了。簡直是仙女下凡。
這還用妳說嗎？陛下乃「童貞女王」，是天神來著。
伊莉莎白一世
簡直就像「聖母瑪利亞」一樣呢。
陶醉⋯

●英格蘭王
生卒年 1533～1603年
出　身 格林威治宮（ENG）
事　蹟 避免宗教戰爭，確立英國國教的基礎

以安邦定國為第一，推動中庸政策

亨利八世推動宗教改革的動機十分單純，因此他在世時並未出手干預信仰。接續其後的愛德華六世掌權時期，以新教徒的身分進行改革，下一任的瑪麗一世則透過血腥的手段強行回歸天主教，每當政權更迭之際，整個英格蘭就隨之動盪不安。

繼瑪麗一世之後即位的伊莉莎白一世，究竟會採取何種政策呢？備受國內外矚目的她，選擇的是中庸路線。她將原本加在君主正式稱號之後的「信仰的擁護者，地上唯一的國教會領袖」改為「信仰的擁護者等」，這可能只是權宜之計，不過從穩定國內情勢的意義來看，

※**雅典娜**：希臘神話中掌管智慧、藝術、武力的女神。為奧林帕斯十二主神之一。與阿緹蜜絲、赫斯提亞被稱為希臘三大處女神。

可以說是很明智的做法。

小心應付當時最強的國家西班牙

伊莉莎白一世在外交方面也必須步步為營。最大的隱憂就是與西班牙之間的關係，因為當時西班牙在哈布斯堡家族的統治下，擁有稱霸全歐洲的超強國力。

西班牙國王費利佩二世與瑪麗一世曾有過一段短暫的婚姻，在瑪麗過世後，他便轉而向伊莉莎白一世求婚。

伊莉莎白一世必須嚴防英格蘭被西班牙併吞，同時又得避免與其嚴重對立。她在不斷婉拒聯姻的同時，亦表態援助荷蘭獨立，希望藉此削弱西班牙的國力。

後續影響！

在費利佩二世之後，西班牙王族便逐漸走向衰亡頹敗一途，並於1700年斷後，接著演變為西班牙王位繼承戰爭。由於英法兩國也參戰，整個歐洲全化為戰場。

為英國進軍世界探路的海上男兒

德瑞克&雷利

Drake, Sir Francis & Raleigh, Sir Walter

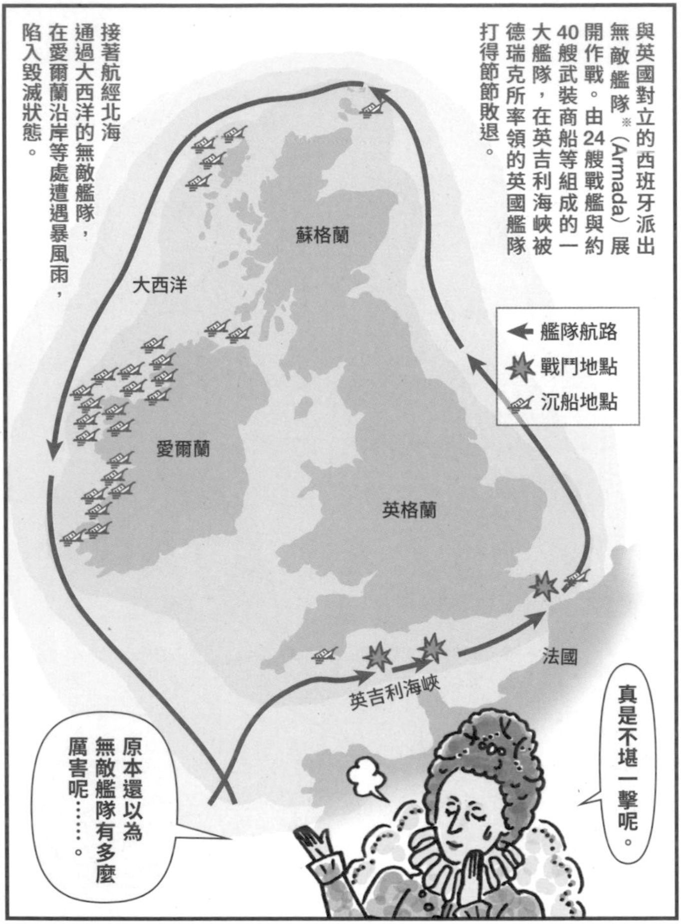

與英國對立的西班牙派出無敵艦隊※（Armada）展開作戰。由24艘戰艦與約40艘武裝商船等組成的一大艦隊，在英吉利海峽被德瑞克所率領的英國艦隊打得節節敗退。
接著航經北海通過大西洋的無敵艦隊，在愛爾蘭沿岸等處遭遇暴風雨，陷入毀滅狀態。
蘇格蘭
大西洋
愛爾蘭
英格蘭
法國
英吉利海峽
艦隊航路
戰鬥地點
沉船地點
真是不堪一擊呢。
原本還以為無敵艦隊有多麼厲害呢……。

※**無敵艦隊**：費利佩二世時代的西班牙艦隊。於1571年的勒班陀戰役（Battle of Lepanto）擊退鄂圖曼土耳其所派出的艦隊，因而掌握了地中海霸權。提督為聖克魯斯（Santa Cruz）侯爵。

德瑞克
●航海家・軍人
生卒年 約１５４３～１５９６年
出身 塔維斯托克（ＥＮＧ）

雷利
●探險家・政治家
生卒年 約１５５２～１６１８年
出身 海斯巴頓（ＥＮＧ）

獲得騎士封號，效命於女王的海盜

雖然比其他國家晚了一步，但英國在伊莉莎白一世的統治下，也終於正式進入大航海時代。在這當中最為活躍的是法蘭西斯・德瑞克與沃爾特・雷利兩人。

德瑞克出生於英格蘭西部的海港城市普利茅斯，成長於造船小鎮吉林漢姆，後來又回到故鄉普利茅斯，並在奴隸貿易的開創者霍金斯（Hawkins）手下工作。

德瑞克曾因西班牙艦隊的襲擊而差點喪命，從此留下心理陰影，於是不斷做出攻擊西班牙船隻與港口的海盜行為。雖然德瑞克後來成為第一位航行世界一周的英國人，不過他最廣為人知的事蹟是藉海盜

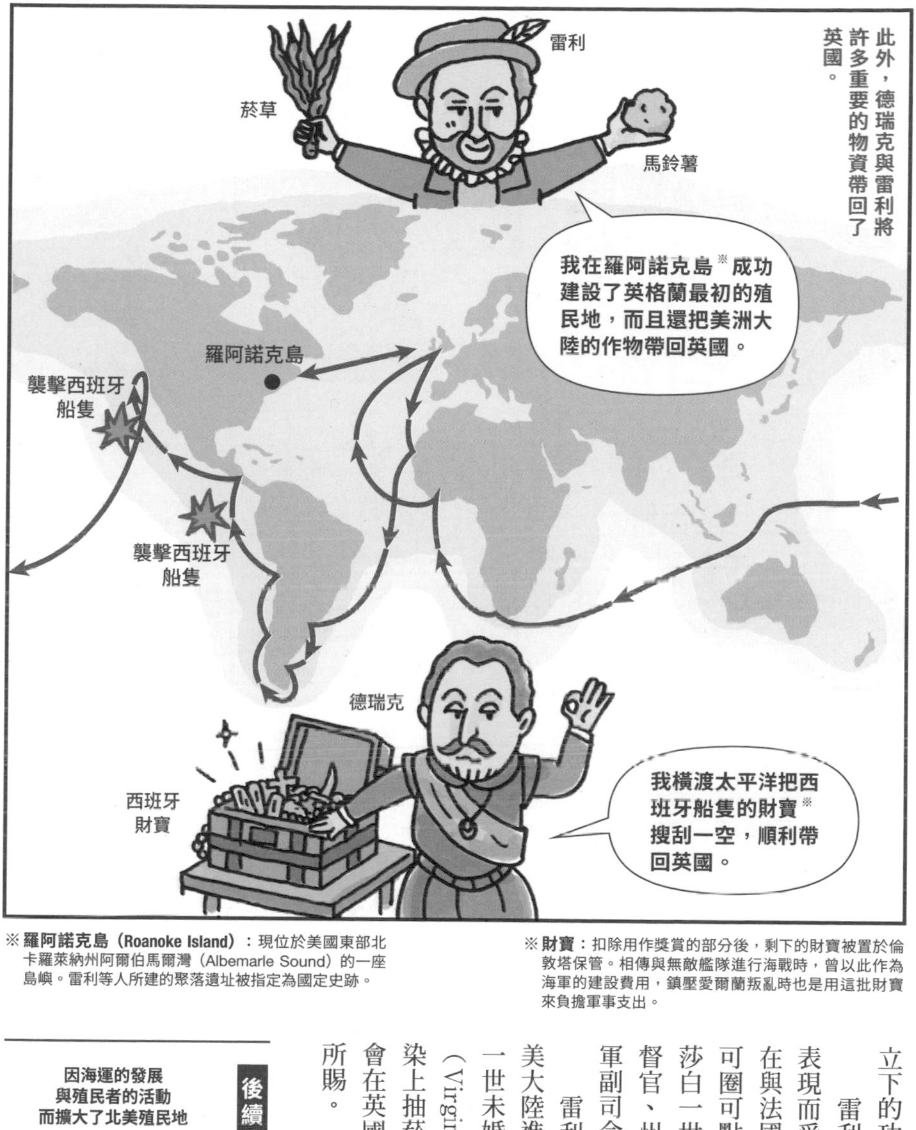
此外，德瑞克與雷利將許多重要的物資帶回了英國。
雷利
菸草
馬鈴薯
我在羅阿諾克島※成功建設了英格蘭最初的殖民地，而且還把美洲大陸的作物帶回英國。
羅阿諾克島
襲擊西班牙船隻
襲擊西班牙船隻
德瑞克
西班牙財寶
我橫渡太平洋把西班牙船隻的財寶※搜刮一空，順利帶回英國。

※ **羅阿諾克島（Roanoke Island）**：現位於美國東部北卡羅萊納州阿爾伯馬爾灣（Albemarle Sound）的一座島嶼。雷利等人所建的聚落遺址被指定為國定史跡。

※ **財寶**：扣除用作獎賞的部分後，剩下的財寶被置於倫敦塔保管。相傳與無敵艦隊進行海戰時，曾以此作為海軍的建設費用，鎮壓愛爾蘭叛亂時也是用這批財寶來負擔軍事支出。

立下的功勞，受封為騎士。

雷利也是因為像海盜般的活躍表現而受封為騎士的人物。他不但在與法國和愛爾蘭的戰役中表現得可圈可點，容貌與性格亦深受伊莉莎白一世欣賞，因而在擔任礦山監督官、州長等職務後，被拔擢為海軍副司令。

雷利於1584年出發前往北美大陸進行探險，因女王伊莉莎白一世未婚而將該地命名為維吉尼亞（Virginia）。雷利後來在北美大陸染上抽菸的習慣。相傳菸草之所以會在英國本土流行起來，就是拜其所賜。

後續影響！

因海運的發展與殖民者的活動而擴大了北美殖民地

1760年左右的殖民地
樸次茅斯
紐約
費城
大西洋
威明頓
查爾斯頓
薩凡納

莎士比亞

Shakespeare, William

為伊莉莎白時代的戲劇界立下不朽里程碑的天才

●劇作家・詩人

生卒年 1564～1616年

出身 雅芳河畔史特拉福（ENG）

事蹟 執筆創作多部英國文學史上的不朽名作

跨越時代持續受世人喜愛的劇作家

在伊莉莎白一世的盛世下，文化蓬勃發展，日後甚至被譽為英國的文藝復興。尤其戲劇領域更是大放異彩，而最大的功臣則是威廉・莎士比亞，他被稱為「跨時代的天才」。

莎士比亞出身於英格蘭中部的城鎮——雅芳河畔史特拉福。莎士比亞於1582年結婚，在妻子誕下龍鳳胎後，他便前往倫敦投身於戲劇界。關於其尚未成名的年輕時期，至今仍有許多不明的部分，不過從1594年籌組宮內大臣劇團（Lord Chamberlain's Men）時，莎士比亞獲選為幹部成員這件事來看，研判當時他已經以新進劇作家

環球劇場※
蓋好了。
木造的二十邊形圓筒狀外觀實在是相當特別呢。
利用升降裝置來操作舞台，就能讓演技顯得更立體。
哇啊！
不是只有這樣而已。劇場外環設有供飾演群眾的演員出入的準備區，這裡所發出的聲響都會傳入劇場內成為音效。
好厲害！
我要在這裡盡情地展現我的作品。

※**環球劇場（Globe Theatre）**：於1599年開業。在莎士比亞逝世後仍持續上演戲劇，但受到1644年清教徒革命的影響而關閉。1990年代則在原址附近復原重建。

兼演員的身分闖出了一番名號。

從歷史劇起家，以愛情劇作結

莎士比亞留下了37部劇作與7篇詩作。在他約20年的創作期間，風格也有所轉變，現在一般將其作品分為4個時期來探討。

長期以來，戲劇一直是為了演繹聖經故事而存在的聖蹟劇或是道德劇，一般都借用旅館的場地來演出，相對於此，在伊莉莎白一世的時代，常設的劇場誕生了。這可說是戲劇從具有教育意義的活動轉變為單純娛樂活動的佐證，而莎士比亞則順應時代變化，成為最初也是最偉大的成功者。

後續影響！

莎士比亞在作品中創造了為數眾多的單字與名言，為英語帶來極大的影響。例如birthplace（出生地）、bedroom（寢室）、outlook（展望）等都是出自其手的單字。

福克斯

Fawkes, Guy

批判中庸政策的天主教極端分子，甚至不惜發動恐攻

火藥陰謀事件因為有人密告而以失敗收場。1605年11月5日凌晨，藏身於地下室的福克斯在議會開始前便遭到逮捕。
他原本使用化名，不發一語，但遭到嚴刑拷打後便坦白招供。相關犯案者於日後全數被處死。相傳福克斯從處刑台摔落，因頸骨折斷而身亡。

●火藥陰謀事件主謀

生卒年 1570～1606年

出身 不明

事蹟 計畫炸死國王詹姆斯一世與兩院所有議員

來自蘇格蘭的新王

伊莉莎白一世終身未嫁，亦無其他兄弟姊妹在世。她本身不曾指名接班人，甚至禁止任何人討論這個問題。不過，親信們察覺到她的意向，便暗中做好迎接該名人物的準備。這號人物就是相當於亨利七世曾孫的蘇格蘭王詹姆斯六世。

1603年3月，伊莉莎白一世駕崩後，詹姆斯六世隨即登基成為詹姆斯一世。由於他志在統一王國，因此提出「受神眷顧的大不列顛、法國、愛爾蘭王，信仰的捍衛者等」的稱號，但遭到議會駁回，籲請其務必要謹守身兼兩國國王的立場。

不知從何時開始，英格蘭各地會在每年的11月5日施放煙火，或是升起篝火，舉辦名為「蓋伊福克斯日」的活動。
有些地區會利用破布或舊報紙等製成人偶後遊街示眾，最後再點火焚燒。這項習俗當初的用意主要是「慶祝國王平安無事」，不過卻漸漸演變為群眾焚燒沒有人氣的教宗、君王、政治人物的人偶的一項活動。

1980年代問世的英國漫畫《V怪客》(V for Vendetta)中，意圖推翻當權者的恐怖分子所配戴的面具※，就是以福克斯的臉為原型所設計的。
GUY FAWKES

2011年9月從美國擴展至全世界的「占領華爾街」運動，當時便有許多參與者配戴此面具。福克斯儼然成為對抗權力者的象徵。
OCCUPY W
WE ARE THE 99%
We are the 99 %

※ **面具**：此面具在無政府主義者之間廣獲好評，國際駭客組織匿名者也會使用。

一舉除掉國王與兩院議員的計畫

那麼，詹姆斯一世又是採取何種宗教政策呢？他本人是新教徒，母親是前蘇格蘭女王瑪麗·斯圖亞特，信奉的則是天主教。在眾所矚目之下，詹姆斯一世提出了與伊莉莎白一世相同的中庸政策。此舉引起新教中屬於激進派的清教徒與天主教內的極端分子強烈反彈。

在整體社會氣氛動盪不穩的狀況下，1605年11月5日爆發了詹姆斯一世暗殺未遂事件（火藥陰謀事件）。其中一名主謀是名叫蓋伊·福克斯的天主教徒。

附帶一提，後來11月5日這天與基督教傳入英國前便存在的民俗活動互相結合，成為焚燒福克斯的人偶，並熱鬧慶祝的蓋伊福克斯日（Guy Fawkes Day）。

來自新天地美國的首位國際名人

寶嘉康蒂

Pocahontas

Pocahontas Story
調皮活潑但心地善良的寶嘉康蒂是美國原住民之女。她在各種故事中被描寫成跨越種族藩籬與愛情的象徵。
將寶嘉康蒂的種種軼事傳回國內的人，正是英國在北美最初的殖民地維吉尼亞「詹姆斯鎮」的領袖史密斯※。
史密斯在書中只提到寶嘉康蒂出面救了他一命，以及她與羅爾夫墜入情網的事。不過根據史實，當時寶嘉康蒂年僅11歲。以那時的習俗來看，寶嘉康蒂應該是無法進入刑場與重要的儀式現場。

※**約翰・史密斯（1580～1631）**：曾於波多馬克河、乞沙比克灣、新英格蘭海岸探險。致力於將殖民地的情況介紹至母國英國。

●波瓦坦族族長之女

生卒年 約1595～1617年
出　身 詹姆斯鎮附近（美國）
事　蹟 提升英國社會對美國原住民的關注度

從人質轉變為社交界紅人

殖民者與原住民的友好證明、感受到西方文明的美好而積極學習新文化的原住民女性。這是17世紀英國用來宣傳寶嘉康蒂的文案，並且廣為人民接受。

寶嘉康蒂是居住於現今詹姆斯鎮附近的波瓦坦族（Powhatan）族長之女。詹姆斯鎮的領導者史密斯（John Smith）遭原住民抓走，即將被處死時，相傳是因為寶嘉康蒂出面求情，才保住其性命。

寶嘉康蒂於1614年嫁給殖民者羅爾夫（John Rolfe），翌年誕下男嬰。接著於1616年遠渡英國，成為上流社交圈的紅人，但因為水土不服而罹患肺病，動輒反覆

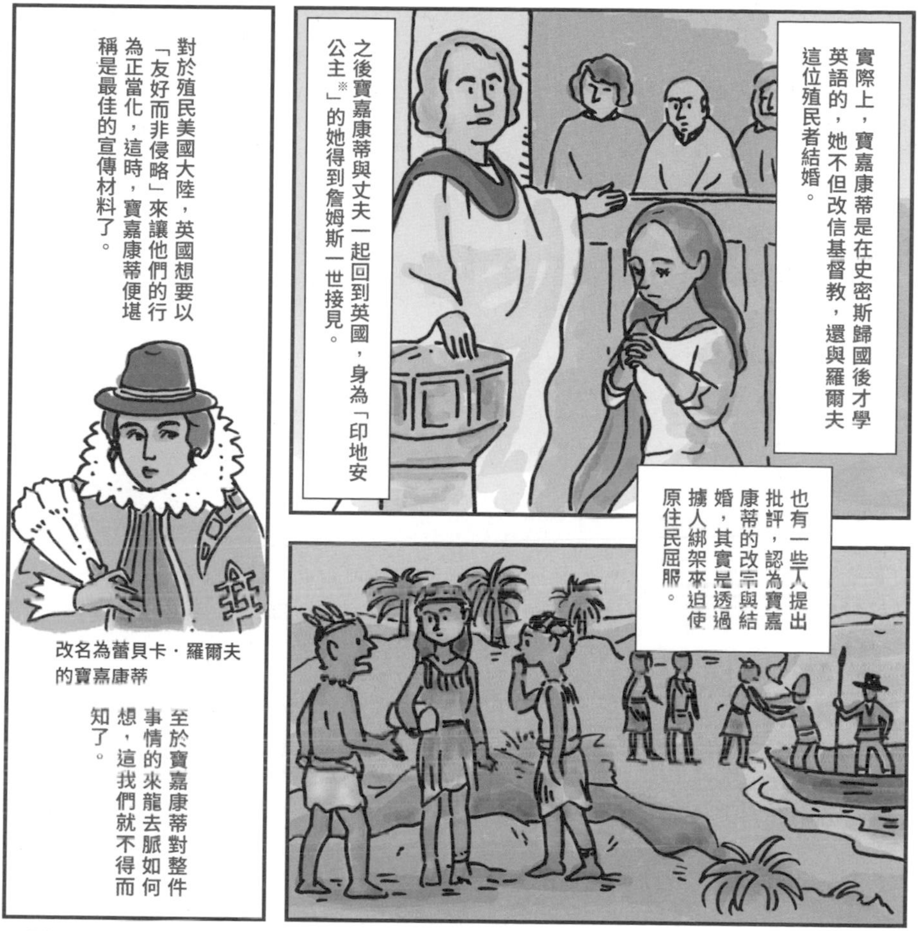
實際上，寶嘉康蒂是在史密斯歸國後才學英語的，她不但改信基督教，還與羅爾夫這位殖民者結婚。
之後寶嘉康蒂與丈夫一起回到英國，身為「印地安公主※」的她得到詹姆斯一世接見。
也有一些人提出批評，認為寶嘉康蒂的改宗與結婚，其實是透過擄人綁架來迫使原住民屈服。
對於殖民美國大陸，英國想要以「友好而非侵略」來讓他們的行為正當化，這時，寶嘉康蒂便堪稱是最佳的宣傳材料了。
改名為蕾貝卡・羅爾夫的寶嘉康蒂
至於寶嘉康蒂對整件事情的來龍去脈如何想，這我們就不得而知了。

※**公主**：原住民並沒有「王」的概念，因此稱寶嘉康蒂為「公主」，嚴格來說是錯誤的。

發燒而於翌年3月逝世。

建國事蹟中往往摻雜著神話成分。史密斯因為寶嘉康蒂相助而九死一生的故事，應該也是這一類。

寶嘉康蒂與羅爾夫的婚姻亦不脫此範疇。實際上，女方是被殖民者拐騙後被當作人質，才有了後續的故事。

寶嘉康蒂因為誤信父親拒絕交付贖金的謊言，遂受洗成為基督教徒，並同意與羅爾夫結婚。為了避免部族與殖民者爆發全面衝突，或許也只能選擇這麼做。

後續影響！

寶嘉康蒂死後，波瓦坦族二度起義

1618	父親身亡，由弟弟接班
1622	波瓦坦族武裝起義
1632	休戰
1644	再度武裝起義
1646	簽訂和平條約

COLUMN

凡事講求經驗的男子
英國經驗主義的先驅

DATA　英國經驗主義的代表性思想與影響

F・培根（16～17世紀）

思想　主張順應自然才能理解並征服自然。目標在於運用歸納法，透過經驗與觀察來釐清實際存在的事物。
→批評經院哲學。對後世的科學方法論產生影響。

洛克（17世紀）

思想　主張社會是由個人透過互相信賴所構成的，人民委由經過多數決選出的政府進行統治，才得以保有私人財產與自由。
→對美國的獨立與法國的《人權宣言》產生影響。

柏克萊（18世紀）

思想　世間一切事物的存在，皆不能離開心靈的感知經驗，否定物質的客觀實在性。主張存在與感知的根本為永恆的精神（＝神）。
→以理論來驗證身為英國國教主教的立場。

法蘭西斯・培根為伊莉莎白一世的親信寵臣尼可拉斯・培根的第八個兒子。培根曾擔任過議員與官職，不過他最為人所知的身分是哲學家。

培根不斷地研究與思考，該如何才能揮別中世紀的思維。而他最後得出的結論是，光靠復興古典文化是不夠的，還必須從根本上改變做學問的態度。

人不能為了追求學問或為了獲得名聲而做學問。讓人類的生活更豐富才是做學問真正的目的，但這不是憑藉個人的力量，而是應該透過人類共同合作來實現，這就是培根所導出的答案。

培根的這項理論被後世認為是英國經驗主義的濫觴。然而，英國經驗主義一詞其實是被用來與歐陸理性主義做對照的哲學用語。前者認為所有的知識都是根據經驗得來的，相對於此，後者則認為所有的知識都是根據先天概念和明顯可證的原理得來的。

此外，培根對於任何事都要透過實驗來加以確認，為了測試冷凍防止食物腐敗的效果而導致受寒，最後併發肺炎猝逝。

knowledge is power

Bacon, Francis
F・培根
（1561～1626）
政治家・哲學家

Chapter

5

清教徒革命與光榮革命

1638年　蘇格蘭簽訂反對查理一世的《國民合約》。

1639年　日本進行鎖國。

1642年　查理一世於諾丁漢出兵鎮壓議會派。爆發清教徒革命。

中國明朝滅亡，清軍進入北京。

1645年　查理一世於內斯比戰役中落敗，成為俘虜。

1648年　漢密爾頓公爵偕同蘇格蘭軍進攻英格蘭，慘遭敗北。

1649年　查理一世於倫敦白廳宮被公開處死。

1651年　查理二世的蘇格蘭軍敗北，英格蘭成為王位空懸的共和國。

禁止非英格蘭籍的船隻進口貨物。

1652年　第一次英荷戰爭開打。

1653年　克倫威爾解散議會，掌握英格蘭主導權。

克倫威爾出任護國公，成為獨裁者。

1654年　第一次英荷戰爭結束。

時代背景與概要

斯圖亞特王朝的詹姆斯一世篤信君權神授說，不但輕視議會，在外交上採取親西班牙與親法國的政策，在經濟政策與宗教政策方面也引發諸多爭議，是一位惡評纏身的國王。

接下來的查理一世更變本加厲，專制高壓與親天主教的態度讓他成為全民公敵。

蘇格蘭因此發生暴動，查理一世為了籌措鎮壓暴動所需的軍事費用，睽違11年再次召開議會，但情勢卻變得更加詭譎難測。

接著愛爾蘭也發生暴動，並傳出被誇大的英格蘭人罹難人數，於是衝突對立達到最高峰，議會遂分裂為保王派與議會派。進入內戰狀態。

後續的發展可謂瞬息萬變——議會軍獲勝、第二次內戰、議會驅逐長老派、查理一世被處死、轉為共和制

KEY WORD

英格蘭共和國

英格蘭共和國於1649年5月成立。同年1月27日，由135位成員所組成的特別法庭共有67人出席，其中有59人用印簽署死刑執行令，3天之後，查理一世被處死。

君主專制的統治方式遭到否定的歷史性瞬間

1658年	克倫威爾身亡。
1660年	流亡在外的查理二世發表了《布雷達宣言》。臨時議會承認查理二世。查理二世復位，於翌年即位。
1661年	法國路易十四開始親政。
1665年	第二次英荷戰爭開打。
1667年	第二次英荷戰爭結束。英格蘭慘敗。
1670年	查理二世與法國路易十四締結《多佛密約》。
1672年	查理二世公開發表《寬容宣言》。 第三次英荷戰爭開打。
1685年	查理二世駕崩，弟弟詹姆斯二世即位。
1687年	詹姆斯二世公開發表《寬容宣言》，承認人民有信仰的自由。 日本頒布《生類憐憫令》。
1688年	荷蘭的威廉為了取得王位而登陸英格蘭。
1689年	威廉三世與瑪麗二世展開共同統治。

（**英格蘭共和國**）、克倫威爾的護國公政權成立、王政復辟、黑死病大流行、**倫敦大火**接連發生。俗稱的清教徒革命，即為內戰開始至王政復辟這段期間的統稱。

清教徒革命期間，在戰況最為激烈的1649年，發生了為後來的歷史投下暗影的一連串事件。

那就是克倫威爾率領2萬精兵遠征愛爾蘭，不光只是鎮壓叛亂，還殲滅了天主教組織網、沒收參與叛亂者的身家財產、強制所有居民遷移至香農河（River Shannon）以西、禁止進入距離海岸線4英里以內的區域，以及強迫新教徒在東北6郡進行開墾殖民，為20世紀愈演愈烈的北愛爾蘭問題埋下了原因。

王政復辟並未帶來任何安定的局面。查理二世與詹姆斯二世連續兩代的親法、親天主教政策，令人民反感到極點，繼而召開議會，籌謀撤換掉國王。

被請來擔任新王的是荷蘭的威廉與瑪麗夫妻檔。兩人皆為新教徒，而

KEY WORD

倫敦大火

1666年9月2日，倫敦一家麵包店起火，火勢迅速蔓延，雖未造成大量傷亡，但花了4天才平息這場火災，整座城市有五分之四的腹地被燒毀。

燒遍整座城市的倫敦大火

1690年 **英格蘭與大同盟各國和法國交戰（～1697年）。英格蘭・荷蘭聯合艦隊在海戰中輸給法國。威廉三世於博因河戰役中獲勝。**

1699年 鄂圖曼與歐洲各國之間簽訂《卡洛維茨條約》。

1701年 西班牙王位繼承戰爭爆發（於1713年結束）。

1702年 **威廉三世駕崩，由小姨子安妮即位。**

赤穗浪士襲擊吉良義央。

1707年 **英格蘭、威爾斯、蘇格蘭組成大不列顛王國。**

1714年 **安妮女王駕崩，喬治一世即位。**

1716年 日本展開享保改革。

1718年 **英國與荷蘭、法國、德國皇帝聯手，參與對抗西班牙的四國同盟戰爭。**

1721年 **沃波爾成為英國歷史上第一位首相。**

1727年 **喬治二世即位。**

且威廉之母為查理一世之女，瑪麗本身為詹姆斯二世之女，從血統來看也完全無可挑剔。

在這兩人的共同治理之下，誕生出了《權利法案》，並建構出新的體制。這一年來所發生的一連串改變，並未在英格蘭引發任何流血衝突，這場政變因而被稱為光榮革命。

威廉與瑪麗過世後，由瑪麗的妹妹安妮繼位，在其任內，英格蘭與蘇格蘭結為聯盟。此舉並非合併，而是採取共主聯邦的形式。

安妮女王過世後，從德國迎來了詹姆斯一世的血脈喬治一世，開啟了漢諾威（Hanoverian）王朝。

由於喬治一世極力避免參與國家政務，責任內閣制因而確立，也為日後的**兩黨制**揭開序幕。

光榮革命以後，不列顛島內未再發生戰亂。相反的，在海外發生的戰爭卻逐漸變多。投注最多兵力與金錢的，是與法國在亞洲與北美大陸的戰事，1689年至1815年這段期間則被統稱為第二次英法百年戰爭。

KEY WORD

兩黨制

英國的兩黨制始於王政復辟時期的托利黨（Tory）與輝格黨（Whig），19世紀轉變為自由黨與保守黨，20世紀則發展為保守黨與工黨。

直到1834年遭祝融之災前，皆於此座議事堂召開議會

1733年	飛梭提高了手動紡織機的生產力。
1735年	**發明經線儀（chronometer）。**
1740年	奧地利王位繼承戰爭爆發（於1748年結束）。
1755年	**英法北美戰爭開打。**
1760年	**喬治二世駕崩，孫子喬治三世即位。**
1764年	**英國議會通過了《食糖法》（對美國殖民地所課徵的第一道稅）。**
1768年	**庫克出發展開第一次太平洋航海。**
1769年	**瓦特改良紐科門大氣式蒸汽機，有助於採礦業的發展。**
1772年	日本田沼意次成為老中。

1755年雙方在北美大陸展開的英法北美戰爭（French and Indian War）成為關鍵的一役。這場戰爭依照1763年的《巴黎條約》宣告英國獲勝，但後續還有巨額的債務得處理。**大英帝國**從一開始便面臨這個大問題。

由於國庫空虛，只能夠想盡辦法籌措。

英國遂將腦筋動到享有免稅特權的北美殖民地上，由《印花稅法》打頭陣，再接連頒布新法，但受到殖民地激烈反彈，旋即被迫撤回，最後僅留下《茶稅法》。

KEY WORD

大英帝國

大英帝國乃擁有廣大海外殖民地時期的英國別名。這一切則受惠於1763年所簽訂的《巴黎條約》，讓英國得以成功驅逐法國勢力，完全稱霸北美大陸。處於無論何時都有領土受到陽光照拂的狀態。

於1759年戰死沙場的沃爾夫（James Wolfe）將軍，他是英法北美戰爭中的英雄

克倫威爾

Cromwell, Oliver

手段粗暴但推動英國政治發展的男人

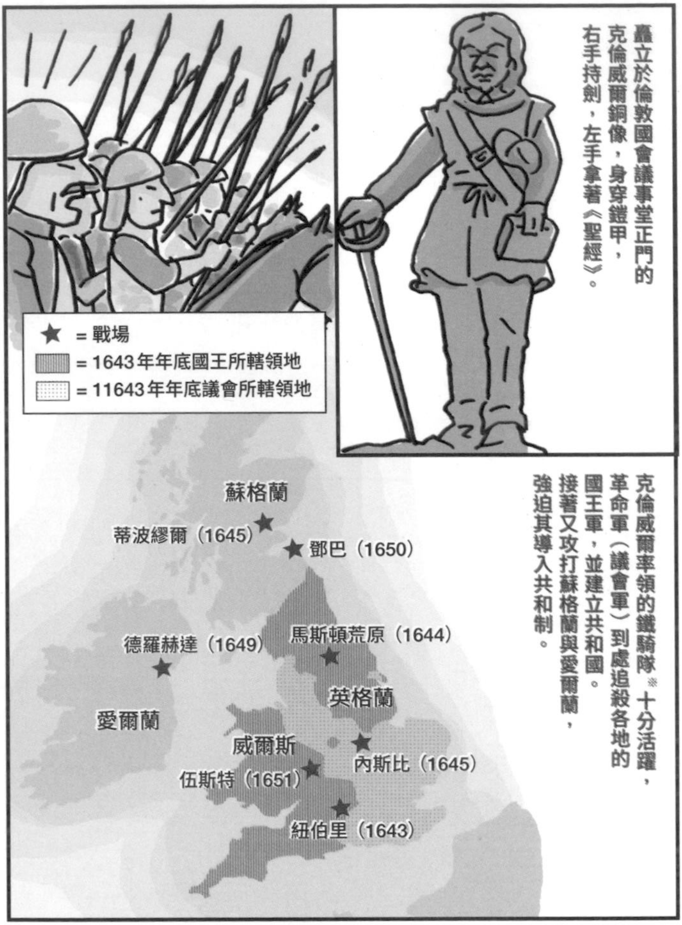

矗立於倫敦國會議事堂正門的克倫威爾銅像，身穿鎧甲，右手持劍，左手拿著《聖經》。
克倫威爾率領的鐵騎隊※十分活躍，革命軍（議會軍）到處追殺各地的國王軍，並建立共和國。接著又攻打蘇格蘭與愛爾蘭，強迫其導入共和制。
★ ＝戰場
＝1643年年底國王所轄領地
＝11643年年底議會所轄領地
蘇格蘭
蒂波繆爾（1645）
鄧巴（1650）
德羅赫達（1649）
馬斯頓荒原（1644）
英格蘭
愛爾蘭
威爾斯
內斯比（1645）
伍斯特（1651）
紐伯里（1643）

※**鐵騎隊**：克倫威爾整合了原本由各地民兵組成的議會軍，並從「東部聯合軍」中挑出死忠的清教徒，嚴加訓練而成的軍隊。

●政治家．軍人

生卒年　1599～1658年

出　身　亨丁頓（ENG）

事　蹟　制定英國歷史上第一部成文憲法《政府約法》

因擔任議會軍司令官而崛起

英格蘭王查理一世意圖以武力逼迫蘇格蘭就範。為了籌措戰爭費用，睽違11年再次召開議會。

然而，查理一世卻無法指定議會的審議內容，議會分裂為穩健派與激進派，彼此的對立愈發嚴重。前者以扎根於北部、西部、西南部的英國國教信徒為主，後者則是由立基於東部、中部、南部的清教徒所組成。前者被稱為保王派（騎士黨），後者則被稱為議會派（圓顱黨）。

兩者的對立自1642年起演變為內戰。此時從議會派中崛起的正是奧立佛．克倫威爾。

議會派中又再分裂為穩健派與

克倫威爾出任「護國公※」這項新設的官職。
必須將失控的革命導正過來。
克倫威爾
共和國議會說明圖
克倫威爾護國公
（坐擁強大軍事力量）
但他卻將軍隊帶進議會，化身為獨裁者。
鎮壓
禮遇
讓所有國民擁有平等的選舉權！
平等派・左派
（支持要求土地分配的農民運動）
克倫威爾
所任命的議員
（限清教徒）

此外，為了讓國民遵守清教徒的道德規範，一律禁止劇場、賭博、賽馬等娛樂。

持續10年的共和制，在他病歿後瓦解。

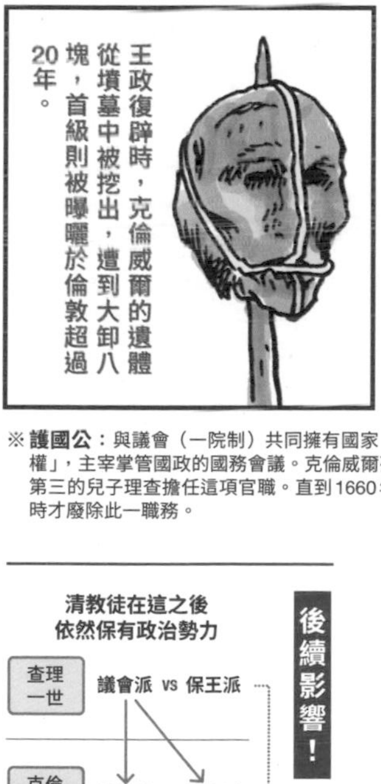
王政復辟時，克倫威爾的遺體從墳墓中被挖出，遭到大卸八塊，首級則被曝曬於倫敦超過20年。

※ **護國公**：與議會（一院制）共同擁有國家「最高立法權」，主宰掌管國政的國務會議。克倫威爾死後由排行第三的兒子理查擔任這項官職。直到1660年王政復辟時才廢除此一職務。

激進派，前者被稱為長老派，後者則被稱為獨立派。從獨立派又再分出以低所得階層為基盤的平等派。

隸屬獨立派的克倫威爾帶領議會軍取得勝利，並將查理一世公開處死。接著廢除君主制與貴族制、肅清平等派、解散議會，並自封為護國公。

然而，克倫威爾的強勢做法亦導致其樹敵良多，只能透過強化軍事獨裁統治的方式來度過危機。

後續影響！

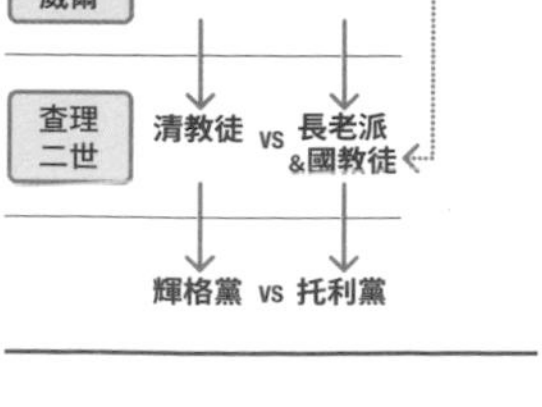
清教徒在這之後
依然保有政治勢力
查理一世
議會派 vs 保王派
克倫威爾
清教徒 vs 長老派
查理二世
清教徒 vs 長老派&國教徒
輝格黨 vs 托利黨

COLUMN

歷經清教徒革命的兩人

向社會探問理想共和國體制的文學家

清教徒該秉持何種處世之道呢？與國家之間又該維持何種關係呢？以文學家身分針對這些提問做出回答的是米爾頓與班揚。

17世紀的英國陸續經歷了清教徒革命、共和制、王政復辟、光榮革命等一連串的劇烈變化。身為時代見證人的文學家也因此受到莫名的使命感驅使，致力於在自身的作品中闡述相關理念。約翰・米爾頓與約翰・班揚亦不例外。

米爾頓的父親身兼商人與公證人兩種身分。在他就讀劍橋大學的這段期間，整個人浸淫於人文主義與清教主義之中。然而，人的思想會隨著成長與經驗而產生變化，因此米爾頓各個時期的作品風格皆大相逕庭。

米爾頓早期的作品，既有從清教徒的倫理觀諷刺宗教界的現狀，也有帶著牧歌般、抒情般的內容，整體而言，相較於提出訴求，他更將重心放在詩本身的完成度上。

到了中期，米爾頓則貫徹讚揚清教徒革命的立場，詩作的完成度淪為其次。

在這個時期，米爾頓不但在政治上失勢，還遭逢財產全數充公、離婚與失明等各種不幸。若是一般人，應該已經跌入絕望的深淵，但他卻化悲憤為力量，創作出成為自身代表作的傑作《失樂園》。

Milton, John
米爾頓
(1608～1674)
詩人・評論家・政治家

Bunyan, John
班揚
(1628～1688)
布道者・作家

這部作品描寫的是《舊約聖經》的開頭部分。吃下禁果的人類祖先亞當與夏娃被逐出伊甸園的故事。這個故事從很久以前便讓神學家傷透了腦筋。號稱全知全能的神，為何會無法識破亞當的背信行為呢？這一點應該如何說明呢？

米爾頓在《失樂園》中提出了解答，他認為這一切都是撒旦的誘惑使然。亞當之所以背信是因為撒旦在背後搞鬼的緣故，因此並非神之過。

《失樂園》是以亞當和夏娃被逐出伊甸園為題材的敘事詩。

另一方面，晚米爾頓20年出生的班揚，則是以布道者身分打響名號的人物。他因為王政復辟而被迫入獄坐牢，但他在這段期間寫下的著作卻使其流芳萬世。這部作品即為《天路歷程》。

小說描述主角因得知自己居住的城鎮將遭到神的制裁而毀滅，在逃難過程中一路戰勝各種誘惑，最終抵達安全之地。換言之，這是一部帶有勸善懲惡精神的寓言故事。

《天路歷程》描寫的是基督徒內心的糾葛與苦難。

將先人們的偉大成就發揚光大的近代力學集大成者

牛頓

Newton, Sir Isaac

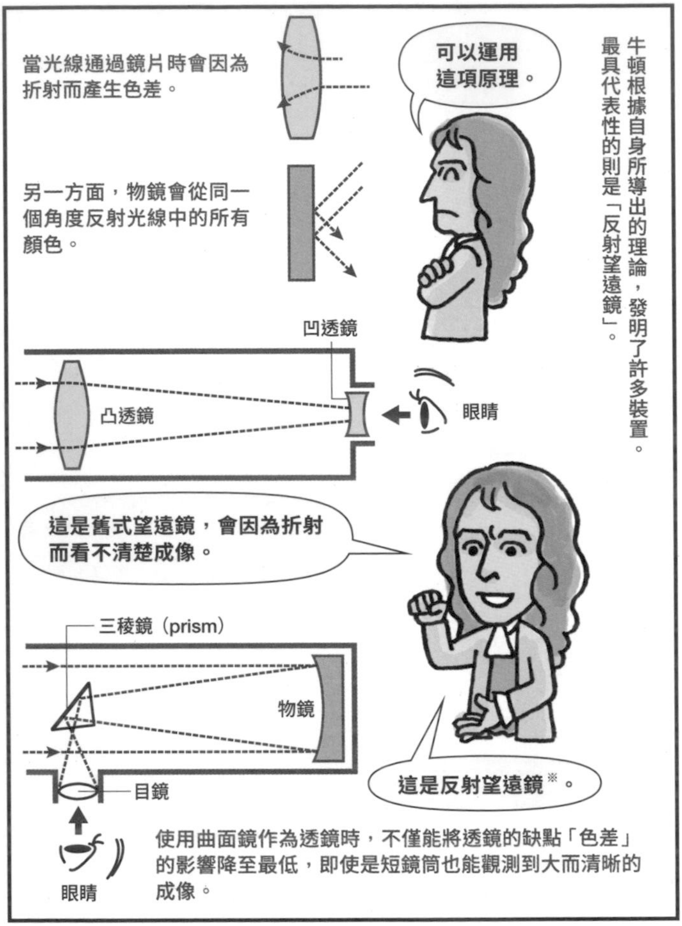
牛頓根據自身所導出的理論，發明了許多裝置。最具代表性的則是「反射望遠鏡」。
可以運用這項原理。
當光線通過鏡片時會因為折射而產生色差。
另一方面，物鏡會從同一個角度反射光線中的所有顏色。
凹透鏡
凸透鏡
眼睛
這是舊式望遠鏡，會因為折射而看不清楚成像。
三稜鏡（prism）
物鏡
目鏡
這是反射望遠鏡※。
眼睛
使用曲面鏡作為透鏡時，不僅能將透鏡的缺點「色差」的影響降至最低，即使是短鏡筒也能觀測到大而清晰的成像。

※ **反射望遠鏡**：能設計出比折射望遠鏡更大型的規格，主要用來進行天文觀測。

●科學家

生卒年 1642～1727年

出身 伍爾索普（ENG）

事蹟 發明微積分與發現萬有引力定律

克卜勒與伽利略的接班人

提到艾薩克・牛頓就會令人想到萬有引力定律。若再加上力學概念，不僅能解釋物體在地表上的運動，甚至還可以說明潮汐漲退與行星運動的原理。

牛頓於1687年出版了《自然哲學的數學原理》這本著作，裡面彙整了他一直以來的研究成果，藉由此書的出版，他向世人發表了他的學說。

牛頓在日後曾表示「如果說我看得比別人更遠，那是因為我站在巨人的肩膀上」，這句話中的「巨人」指的是，因「克卜勒定律」而廣為人知的德國天文學家克卜勒，以及因為證實了地動說而家喻戶曉

18世紀末布萊克所畫的牛頓
在現代被視為自然科學家的牛頓，還具有極欲透過數學方式證實神的存在，以及熱衷「煉金術※」的另一面。
牛頓是最後一位魔術師。
這句話出自凱恩斯，用以表示牛頓具有相當深厚的信仰。

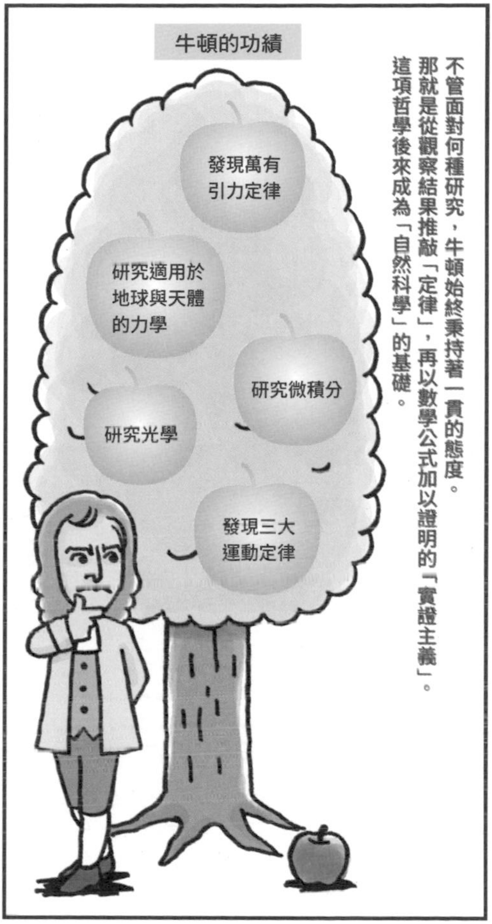
不管面對何種研究，牛頓始終秉持著一貫的態度。那就是從觀察結果推敲「定律」，再以數學公式加以證明的「實證主義」。這項哲學後來成為「自然科學」的基礎。
牛頓的功績
發現萬有引力定律
研究適用於地球與天體的力學
研究微積分
研究光學
發現三大運動定律

※ **煉金術**：將卑金屬變成貴金屬（尤其是金）的化學技術。發源地為埃及。由阿拉伯的密教化學發展出來。

的義大利物理學家伽利略。

被擱置超過20年的發現

其實牛頓早就在《自然哲學的數學原理》這本著作問世的20多年前，便已想出萬有引力定律。牛頓自劍橋大學三一學院畢業後，便在盧卡斯講座這個專門指導理工系學生的課程擔任教授。後來因為鼠疫流行，任職約2年後就返回家鄉。一般都認為牛頓是在這段期間發現萬有引力定律的。

牛頓本身似乎並不認為這是什麼大發現，只是剛好回答了因哈雷彗星而名留青史的哈雷（Edmond Halley）所提出的問題，並將內容記載於著作裡罷了。

雖然一舉成名，但牛頓的心靈並沒有因此感到滿足。他滿心想嘗試不同領域的工作，並積極地到處求職，最後獲得了造幣局長官的職務，在取締偽幣上貢獻良多。

COLUMN

對17世紀科學革命貢獻良多的偉人

扮演近代科學開路先鋒的天才們

科學革命不是一天造成的。天才的靈光乍現也是奠基於過去的知識累積。留下偉大成就者往往比同領域的人更勤奮努力。畢竟科學需要求證，不能無中生有。

在英國，擔任近代科學開路先鋒的不光只有牛頓一人。舉凡羅伯特・虎克、威廉・哈維等，有許多人才均創造出一番偉大的成就。

虎克曾在留有大量實驗報告而聞名的波以耳（Robert Boyle）手下工作，負責製作各種器具與進行實驗，他也充分展現出這方面的才能。除了製作風量計、雨量計外，虎克還改良了反射望遠鏡、四分儀、鐘錶、折射計等，歸功於他的發明著實不少。在這當中一定要提的就是，經過虎克不斷改良所推出的複式顯微鏡。

複式顯微鏡是運用多片透鏡所組成的，因此相較於舊式顯微鏡，可以觀察到極為微小的物質。虎克就是在1665年發現細胞的。

附帶一提，相傳顯微鏡是在大約1600年，由荷蘭眼鏡製造商楊森（Janssen）父子所發明的。當時是以荷蘭與義大利為主要製作地區，直到17世紀中葉才普及全歐洲。

另一方面，哈維則在劍橋大學與北義大利的帕多瓦大學取得醫學與哲學學位。在倫敦開業行醫後亦深獲好評，宮廷耳聞其才能與實力，甚至延

Hooke, Robert
虎克
（1635～1703）
科學家・博物學家

Harvey, William
哈維
（1578～1657）
醫師・解剖學者

DATA

為科學革命帶來貢獻的英國人

- **培根**
  自然哲學：主張奠基於經驗的思考
- **哈維**
  生理學：提倡血液循環說
- **波以耳**
  化學：發現波以耳定律
- **雷恩**
  幾何學：建築、都市計畫的發展
- **虎克**
  自然哲學：提倡光的波動說等學說
- **牛頓**
  自然哲學：發現萬有引力定律等學說
- **哈雷**
  天文學：成功計算出哈雷彗星的軌道

複式顯微鏡（右）與照亮標本的裝置（左）。

攬其擔任詹姆斯一世與查理一世的御醫，醫術高明可見一斑。而哈維正是釐清血液循環原理的重要人物。

自從2世紀的古羅馬醫學家蓋倫（Claudius Galenus）以來，一般都認為血液會從右心室通過眼睛看不見的通道流往左心室，而這些流經心臟的血液隨後會被排出體外。

然而，哈維則根據大量動物活體解剖的經驗提出不同的看法：成人有一半的血液量位於心臟與血管，因為心臟的幫浦作用，血液會依序從動脈流往各器官的微血管與靜脈，接著再度回到心臟。他在1628年出版的《關於動物心臟與血液運動的解剖研究》一書中，發表了血液循環說。

此一假說雖然引起正反兩面不同的看法，但這項主張的正確性最終獲得了證明，哈維的血液循環說亦被定位為近代生理學的基礎。

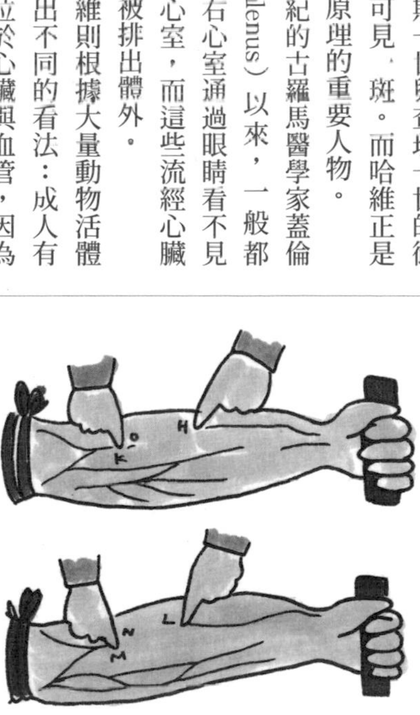

哈維透過受試者的手臂進行止血帶實驗的說明圖。

威廉三世&瑪麗二世

William III & Mary II

因敵視議會的天主教作風而成為光榮革命的導火線

威廉三世為了修復英荷關係，決定與英格蘭公主瑪麗結婚。沒想到詹姆斯二世卻加強英法友好關係並改信天主教，因而引發議會反彈。

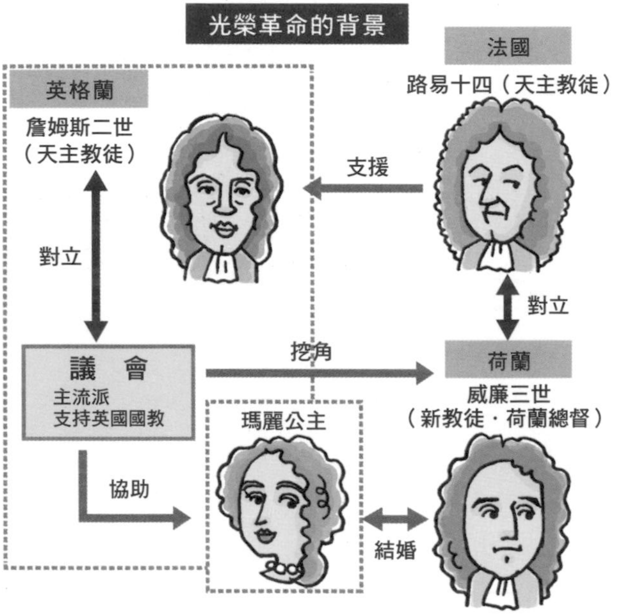
光榮革命的背景
英格蘭
詹姆斯二世
（天主教徒）
對立
議　會
主流派
支持英國國教
協助
瑪麗公主
法國
路易十四（天主教徒）
支援
對立
挖角
荷蘭
威廉三世
（新教徒・荷蘭總督）
結婚

議會向國王之女瑪麗請求協助。對荷蘭而言，這亦是阻止英法接近的大好機會。
於是威廉三世便率軍登陸英格蘭。由於得到議會的幫助，幾乎不費吹灰之力便驅逐了詹姆斯二世。

威廉三世

●英格蘭王

生卒年 1650～1702年

出　身 海牙（荷蘭）

瑪麗二世

●英格蘭王

生卒年 1662～1694年

出　身 倫敦（ENG）

從天而降的王位繼承權

人民不想要有會壓迫人民的國王，乾脆請其退位或是請他離開。自從1649年查理一世遭到處死以來，英國社會便一直存有這樣的選擇。

因此，當詹姆斯二世強行恢復天主教的地位，並且誕下男嬰後，大部分的議員皆放棄追隨詹姆斯，開始尋找新的接班人選。雀屏中選者為詹姆斯的長女瑪麗與其夫婿，荷蘭省暨澤蘭省總督的奧蘭治親王（Prins van Oranje）威廉三世。

威廉與瑪麗皆為新教徒，而且威廉之母是查理一世的長女，因此也算是斯圖亞特王朝的血脈，可說是適任的人選。

英格蘭議會原本只打算擁立瑪麗為王，但在兩人的堅持下轉而採用共同統治※的方式。
英格蘭內政的實際掌權者為瑪麗二世。

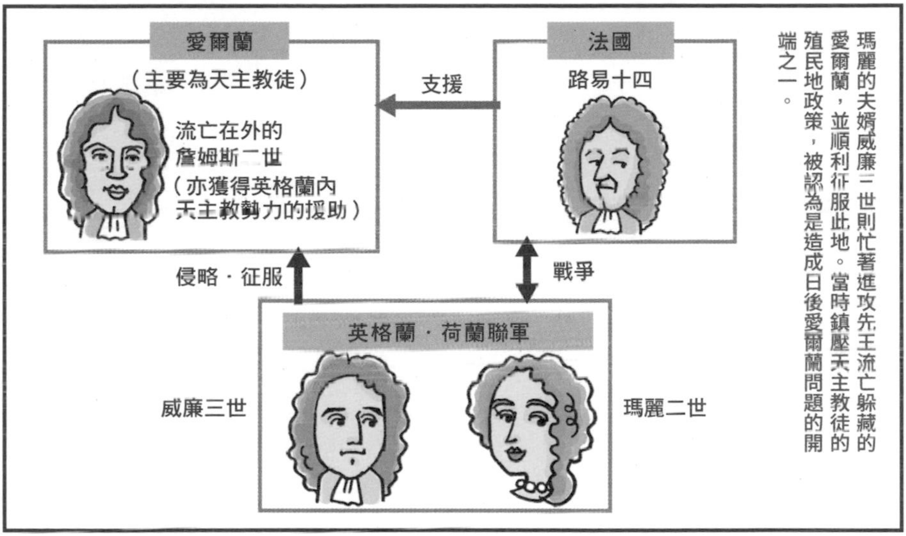
瑪麗的夫婿威廉三世則忙著進攻先王流亡躲藏的愛爾蘭，並順利征服此地。當時鎮壓天主教徒的殖民地政策，被認為是造成日後愛爾蘭問題的開端之一。
法國
路易十四
支援
愛爾蘭
（主要為天主教徒）
流亡在外的
詹姆斯二世
（亦獲得英格蘭內天主教勢力的援助）
侵略・征服
戰爭
英格蘭・荷蘭聯軍
威廉三世
瑪麗二世

※**共同統治**：1694年瑪麗逝世後，威廉三世成為唯一的君王。他將蘇格蘭納入統治，並以荷蘭總督的身分與周邊大國聯手對抗法國。

威廉從以前開始就想創建屬於自己的王朝。原本打算在荷蘭實現這個心願，但既然英國都特意找上門來，自然沒有拒絕的道理。話雖如此，他也不想淌入政治鬥爭的渾水。因此威廉一開始便把話說明，自己只不過是一介新教的擁護者，關於律法與社會秩序的維持，全權交由議會負責，雙方達成協議後，他才偕同瑪麗渡海而來。

詹姆斯二世見情況不對，旋即逃往法國，於是威廉與瑪麗順利入主倫敦，一同即位成為威廉三世與瑪麗二世。

後續影響！

光榮革命訂出一套君主應該遵守的規範

寬容法

只要宣誓效忠於國王，對英國國教徒以外的清教徒便不得進行宗教上的處罰。

王位繼承法

英格蘭王位僅授予承繼斯圖亞特家血脈的新教徒。

COLUMN

何謂成為革命原動力的社會契約論？

主張人民有權抵抗極權與暴政

無論君主如何胡作非為，人民也只能默默忍耐嗎？兩者之間的關係是永恆不變的嗎？社會契約論針對這些問題提出了一種解答。

為政者與民眾之間的關係乃基於相互間的契約，這就是被稱為社會契約論的主張。這套理論的形成與兩名英國人有很深的淵源。

第一位是湯瑪斯・霍布斯。他是英國國教牧師的次子，自牛津大學莫德林學院畢業後，便擔任上流階級的私人教師與秘書，期間曾數度前往歐洲大陸旅行，與笛卡兒和伽利略等人亦有深厚的交情。

霍布斯因為處女作《法律要旨》遭有關當局盯上，被迫在巴黎度過11年的流亡生活。他就是在這段期間寫下《利維坦》這部代表作。在這不久後，他祕密返回英國，打算專心進行寫作，卻因為有不少人痛批他是無神論者，而不得不耗費許多時間在這些無意義的爭論上。

霍布斯在其著作《利維坦》中提到，戰爭是人類最自然的狀態，要克服無秩序的狀態，就必須將該怎麼做才能活下來的判斷權託付給特定的個人或團體。他主張，國家就是從締結委任與服從的相互契約中所誕生出來的。這就是霍布斯的社會契約論。

根據霍布斯所述，受委託平定無秩序狀態者會被賦予無限制的權力。

Locke, John
洛克
（1632～1704）
思想家・哲學家

Hobbes, Thomas
霍布斯
（1588～1679）
政治思想家

相對於此，晚霍布斯半個世紀出生的約翰・洛克，則是提出應對權力設下限制的主張。

洛克就讀於牛津大學的基督堂學院，並在相傳為輝格黨創始人的沙夫茨伯里（Shaftesbury）伯爵的庇護之下，撰寫了許多著作。當查理二世與沙夫茨伯里的對立愈趨嚴重後，洛克為了幫恩人助陣，寫下了代表作《政府論》。

身體為「人民」，頭為「主權者（王）」的怪物利維坦。

這本著作使他的性命受到威脅，不得不短暫流亡荷蘭，直到光榮革命結束後才重返英國。

接下來他為新體制貢獻心力，並持續進行寫作活動，成為該時代具代表性的思想家而聲名遠播。

洛克主張，政治權力的正統性是來自人民的同意，而且只有在保護包含私有財產在內的個人自由權時，才能行使政治權力。若當權者違反這項條件，人民便有權利予以反抗。

無論是霍布斯還是洛克，在當時皆提出了革命性的看法。然而，兩人終究擺脫不了時代的制約，洛克認為人是為了實現神的榮光而被創造出來的想法，始終不曾改變。

DATA

霍布斯與洛克的思想比較

	人類觀	自然狀態	人所具備的權利	政治體制
霍布斯	利己	「萬人對萬人的鬥爭」	只有保護自我的權利	王為主權者的君主專制
洛克	相信理性	較為和平	生命、自由以及財產的權利	國民為主權者的議會制民主主義

對英國不熟的君王登場，因而開啟了責任內閣制

喬治一世&沃波爾

George I & Walpole, Sir Robert, 1st Earl of Orford

喬治一世是議會找來接任王位的外國人。
我，對歐洲大陸很熟。可是，並不怎麼了解英國。
他原本的身分是漢諾威選帝侯（德國諸侯之一）。
他對英國的政治不太感興趣，將大部分的政務交給信賴的議員處理。這也讓沃波爾得以嶄露頭角。
Bonjour※，陛下。
沃波爾的職銜為「第一財政大臣」，實則擔任內閣會議議長，負責統領其他大臣與高官。這與現代的「首相」、「內閣總理大臣」所負責的工作相同，沃波爾因此被稱為「世界第一位首相」。
直到現在，英國首相的正式職稱仍是「第一財政大臣」喔。

※**Bonjour（法文的你好）**：由於喬治一世幾乎不懂英文，據說得用法文或拉丁文進行溝通。

喬治一世
●英格蘭王
生卒年 1660～1727年
出　身 奧斯納布魯克（德國）

沃波爾
●政治家
生卒年 1676～1745年
出　身 霍頓莊園（ENG）

從德國迎來的新君王

由於威廉三世與瑪麗二世之間未有子嗣，因此王位便由瑪麗二世的妹妹安妮繼承。雖然安妮嫁給丹麥國王的次子，並陸續生下15個孩子，但除了一人之外，其餘皆死產或出生未滿半年便夭折。唯一存活下來的男嬰也在10歲時死亡，所以尋覓新的繼承人便成了議會的當務之急。

於此之際，雀屏中選的是在德國出生、成長的漢諾威選帝侯格奧爾格（Georg）。他是斯圖亞特王朝首任國王詹姆斯一世的長女之孫，本身又是新教徒，完全符合《王位繼承法》的條件。於是格奧爾格即位成為喬治一世。

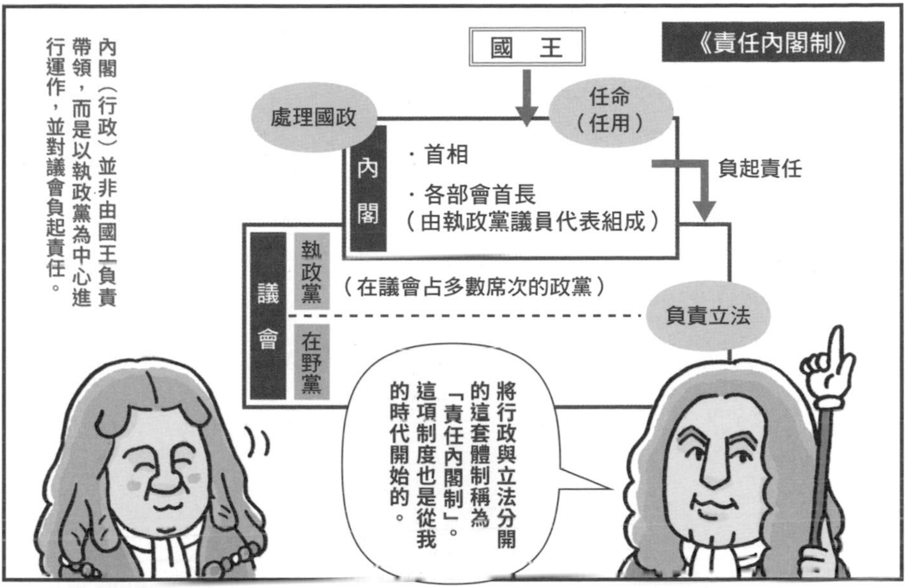
《責任內閣制》
國王
處理國政
任命（任用）
內閣
・首相
・各部會首長（由執政黨議員代表組成）
負起責任
議會
執政黨
（在議會占多數席次的政黨）
在野黨
負責立法
內閣（行政）並非由國王負責帶領，而是以執政黨為中心進行運作，並對議會負起責任。
將行政與立法分開的這套體制稱為「責任內閣制」。這項制度也是從我的時代開始的。

國王也因此不具有實質的政治權力。這項原則傳承至今，成為英國的習慣法（憲法）。
君臨而不統治。
(The King reigns, but does not govern)
現代英國人

喬治一世登基時已經54歲。他根本不想再花心力學英文，也不太關心政務。

雖說王權有所限制，但仍需要有人來主持內閣會議。於是，從喬治一世至喬治二世在位的22年間，皆由相當於現今財政大臣（當時稱為第一財政大臣）的羅伯特・沃波爾肩負起推動國政的重任。

沃波爾對外採取的是和平外交政策，對內則推行以仕紳階級（大地主）的利害為最優先的政策，從而建構出安定與繁榮的時代。

後續影響！

國內的政治勢力兩極化

仕紳階級・貿易商・金融業者
↓
因商業交易與利息收入的增加而受益
支持輝格黨
VS　**兩極化**
支持托利黨
中小地主・製造業者
↓
不堪重稅負擔，要求自由貿易

COLUMN

透過虛構遊記令世人驚豔不已的記者

寓意深遠的諷刺社會之作誕生

既不是傳說，亦非真有其人，以這樣的人物為主角，描寫在虛構世界體驗的各種冒險。嶄新的文學類別就此在英國誕生。

以幻想的世界為舞台，藉由這樣的故事來娛樂讀者。而且還是以遊記的形式來描寫。開拓此一文學新領域的，正是英國歷史上的兩大文豪。

第一位是丹尼爾・笛福，他乃商人之子，原本立志成為神職人員，但中途放棄轉而從商。不久後又棄商從文，開始進行寫作活動。

笛福因為諷刺詼諧的詩作而一躍成為知名作家，之後也以記者之姿針對時事、宗教、商業議題發表評論，十分活躍。由於笛福在1719年發表的《魯賓遜漂流記》實在太受歡迎的緣故，因此大眾只記得他的小說家身分。

《魯賓遜漂流記》的全名為《魯賓遜・克魯索的生平與驚奇冒險》。這是以先人的航海記與在孤島生活了5年的人的實際故事為原型，描寫成為船員的主角無視父親的警告，出海遇難直到獲救前所度過的28年歲月。藉由主角所寫的日記來說故事的寫實手法，令這本書被譽為英國最初的近代小說，以及近代英國小說的原點。

另外，現代人在閱讀時可能不會察覺到，這部作品其實隱含著違逆父親而犯下過錯之人遭到懲罰、磨難與

Defoe, Daniel
笛福
(1660～1731)
記者・小說家・詩人

Swift, Jonathan
斯威夫特
(1667～1745)
記者・作家・詩人・神職人員

悔改，最後獲得救贖的宗教寓意。

第二位是喬納森・斯威夫特，他在愛爾蘭擔任神職人員的同時，亦積極從事寫作，憑藉著諷刺幽默的文章而為人所知，然而，使他的名字永垂不朽的作品則是１７２６年出版的小說《格列佛遊記》。

故事描述身為船醫的主角乘船前往外海，造訪世界各地的所見所聞與新奇體驗。這本小說也跟斯威夫特之前的作品一樣，充滿諷刺意味。

舉例來說，第一部的小人國暗諷當時的英國政治、第二部的大人國指的是歐洲大陸、第三部的飛島國則是挖苦當時的學術界。此外，他還藉由第四部的「賢馬國」所推崇的事物，強烈反諷人類整體社會。

因為上述這些特徵，這部作品在文學史上被定位為諷刺文學的最高傑作。兒童讀來會是一本有趣的冒險故事，長大成人後再讀才會察覺到箇中真意。

另外，飛島國的原名Laputa會令人聯想到宮崎駿導演的長篇動畫電影《天空之城》。電影中亦曾出現斯威夫特之名，研判應該是從《格列佛遊記》獲得創作的靈感。

魯賓遜的故事令人重新思考人類的文明。

斯威夫特藉由描寫愚蠢的飛島國人來諷刺科學家。

庫克

Cook, James

憑著過人的努力與才能，在歷史與世界地圖上留名的男人

庫克透過三度航海，填滿了地圖上人類一直未能得知的許多空白。他亦擁有十分豐富的科學知識，不但準確測量所到之處的土地，在天文觀測上亦大有斬獲。
我要比以往的任何人走得更遠，甚至直抵人類所能到達的地球盡頭。
庫克第一趟的航行路線（1768–1771）
庫克能如此成功的原因之一，在於懂得預防長期航海所引發的「壞血病※」。
要多吃水果，還有德國酸菜也很不錯喔。
既然船長都吃了，那我也要跟進。

※**壞血病**：因維生素C不足所引起的一種疾病。當時尚未發現維生素，但庫克憑藉著豐富的經驗而成功預防此疾病。

●航海家

生卒年 1728～1779年

出　身 馬頓（ENG）

事　蹟 幾乎釐清了太平洋的地理全貌

因海軍經驗而開花結果的天賦

庫克出生於清貧家庭，但他聰明又勤奮，在擔任見習水手期間不但練就操船技術，還習得航海術。役期期滿後，庫克便投身貿易界。

然而，或許是因為光靠貿易無法令庫克感到滿足，他在1755年加入了海軍。庫克在海軍的工作表現深獲好評，被派往加拿大的魁北克這件事則改變了他的命運。庫克雖然未受過高等教育，但從小就熱愛數學，加上自學幾何學與天文學有成，在測量方面的才能亦備受肯定。

在這之後庫克仍維持一貫的努力態度，於是大家逐漸將他視為科學家，而非區區一介測量技師。

庫克每趟出航皆有專門研究植物等各領域的學者與畫家同行※。帕金森等人所留下的手稿，無論在科學或藝術層面皆具有相當高的價值。
紐西蘭原住民
毛利族
未知的植物
帕金森

庫克在第三趟航海的途中曾於夏威夷上岸，卻與原住民發生衝突而喪命。記錄航程所見所聞的珍貴資料，則由船員們平安地帶回英國。
庫克總計花了8年6個月的時間進行太平洋航行。

※ **同行**：這種探險方法乃誕生自18世紀出現的「啟蒙思想」，被稱之為「學術探險」。

庫克的本名叫做「詹姆斯・庫克」，不過「庫克船長」這個暱稱卻更廣為人知。之所以會如此稱呼庫克，便是源自於他曾三度航海到太平洋探險的事蹟。

首趟航行是前往大溪地觀測金星，第二趟則是前往當時被認為存在於世上的南方大陸，第三趟的主要目的為探索聯絡北大西洋與北太平洋的西北航道，而且每趟任務庫克皆帶回豐碩的成果。

然而只有第三趟的航行報告，庫克無法親自完成。因為他在短暫停留夏威夷的期間，與島民發生衝突而不幸喪命。

後續影響！

英國於南太平洋的勢力範圍逐漸擴大

1788	最初的移民團進入澳洲開拓殖民地
1814	基督教開始在紐西蘭傳教
1888	南太平洋的庫克群島成為英國的保護地

COLUMN

咖啡館的誕生

成功的關鍵在於鎖定目標客層

咖啡館是市民交換情報與進行意見討論的地方。

倫敦第一間咖啡館於1652年正式開幕，隨即引爆超高人氣，至18世紀初葉，倫敦市內的咖啡館已多達3000家。

漸漸地，擁有相同政治主張的人或同行業者開始固定聚集在特定的幾家店，繼而帶動政黨與新聞媒體等的誕生。其中有一位特別值得一提的人物。他就是起初在倫敦塔街開設店面（1688年），後來把店遷移至朗伯德街的咖啡館老闆勞埃德。

勞埃德的咖啡館生意十分興隆，之所以能擁有如此高的人氣是有理由的。因為這家店自1696年起，開始發行刊登船舶資訊的《勞埃德船舶日報》（Lloyd's List），提供上門的顧客閱覽。除了船主外，託運貨物者、投資者，甚至連保險、金融業者都因為想得知最新的消息，而頻繁前往勞埃德的店光顧。

如今已成為全球最大規模的保險交易組織勞合社，就是在勞埃德的咖啡館誕生的。只限仲介商和自營業主承保人加入會員這一點，從創業至今皆未曾改變。

Lloyd, Edward
勞埃德
（?～1726）
實業家

Chapter 6

工業革命與資本主義社會的形成

1773年	發生波士頓茶黨事件。
1774年	於費城召開美國殖民地的第一屆大陸會議。
1775年	**阿克萊特將原有的紡紗機加以改良，開始進入大量生產紡織品的時代。**
	殖民地軍與英軍於麻薩諸塞州的萊辛頓和康科德開戰。
	英軍在波士頓遭到包圍。
	英軍於波士頓郊外的邦克山獲勝。
	英軍於加拿大魁北克大勝殖民地軍。
1776年	**史密斯發行出版《國民財富的性質和原因的研究（國富論）》。**
	《美國獨立宣言》於大陸會議獲得承認。
	庫克出發進行第三次太平洋航行。
	英軍於華盛頓的翠登戰役中敗北。
1778年	伊萬・安蒂平等人所搭乘的俄羅斯船抵達國後島，要求與日本通商。
1779年	**庫克在返航途中於夏威夷遭到殺害。**

時代背景與概要

英國因為工業革命而有能力進行大量生產，擴大市場成為必然趨勢，因而致力於取得殖民地。這或許是許多人一直以來的認知，但實際上並非如此。英國雖想增加各種物品的進口量，本身卻沒有受海外青睞可供外銷的商品，既然如此，就只能開發替代品來取代仰賴進口的物資，正是出於這種危機感才帶動了英國工業革命的發展。

然而，光靠技術方面的革新仍舊無法解決問題。畢竟產品完成後還得運往大都市或港口，才能流通到市面上。因此，只是修築原有的航道已然不足，還必須建造適合搬運貨物的道路。於是，如網狀分布於英國全境的交通網就這樣逐漸成形。

除此之外，不光只是將商品賣到海外，還必須提升國內市場的銷量，

KEY WORD

美國獨立

波士頓茶黨事件成為美國獨立戰爭的導火線。英國議會為了立即給予懲罰而通過一連串法令。英國將之稱為「懲罰性」諸法，但美國卻稱為「難堪」諸法。

美國殖民地的居民反對宗主國英國的《茶稅法》

年份	事件
1780年	政府出動軍隊鎮壓戈登暴動（倫敦反天主教勢力的暴力行為）。
1781年	康沃利斯將軍於南卡羅萊納州擊敗大陸南部軍。
	康沃利斯將軍受困於約克鎮的包圍網，被迫投降。
1783年	小威廉・皮特在24歲時成為英國史上最年輕的首相。
1787年	於倫敦召開貴格會教徒的集會，並設立奴隸貿易廢除協會。
	日本發生天明暴動。松平定信成為老中，進行寬政改革。
1789年	頒布《棄捐令》，免除旗本與御家人的負債。
	爆發法國大革命。
1790年	柏克的《法國大革命反思》出版。翌年潘恩透過《人的權利》提出反駁。
1791年	威伯福斯首度提出廢除奴隸制度法案，但未通過。
1792年	俄羅斯使節拉克斯曼航抵根室。

因此有必要提高人民的所得與生活水準。而且在不久的將來，人口會持續往都市地區集中，改善環境衛生狀態與提升教育水準也成為一大要務。接著這些會促使人民提出擴大選舉權的要求，這在資本主義社會中，可說是相當自然的發展。

對在美洲大陸建設殖民地以來，一步步擴展海洋霸權的英國而言，**美國獨立**無異於投下一顆震撼彈。

不過，在經濟上對英國而言幾乎無關痛癢。畢竟一直以來都沒有向美洲殖民地徵稅，而且大小事皆由身為宗主國的英國處理，因此獨立這件事不可能對其經濟造成打擊。若雙方從此斷絕貿易往來或所有交流的話則另當別論，不過美國方面並不打算這麼做，英國自然也就沒什麼好擔心的。

畢竟當時英國轄下的領土遍及全世界，實在沒有心思為了一次的敗北而耿耿於懷。更重要的是，歐洲情勢逐漸變得詭譎難測。

歐洲各國皆把目光轉向了**法國大革命**，關注這一場革命會將法國帶往

KEY WORD

法國大革命

法國大革命的起因大多被歸咎於不平等的權利與持續施行不合理稅制的舊體制，不過這應該是後來才產生出來的看法。促使平常對政治漠不關心的人們走上街頭，最大的原因在於饑饉。

撼動全歐洲的法國大革命

- 1793年　**法國（革命政府）向英國宣戰。英國加入第一次反法同盟。**
- **農業局取得皇家特許狀，鼓勵農民從事近代農業。**
- 1795年　**暴徒襲擊前往參加議會開幕式的國王馬車。**
- 波蘭王國滅亡。奧地利、普魯士、俄羅斯瓜分波蘭領土。
- 1797年　**海軍水兵於斯皮特黑德引發叛亂。**
- 1798年　**愛爾蘭統一人民協會發生叛亂。**
- **愛爾蘭統一人民協會的叛亂失敗。**
- **納爾遜於阿布基爾灣海戰中擊敗法國艦隊。**
- **小威廉・皮特首度在英國導入所得稅。**
- 日本近藤重藏等人在擇捉島進行探險。
- 1799年　拿破崙在法國發動軍事政變。推翻督政府，建立執政府。
- 1800年　伊能忠敬測量蝦夷地。

何處。

　不過，英國關注的焦點卻有別於各國。對英國而言，法國將走向君主制或共和制都是其次，他們最關心的莫過於1786年所締結的通商條約能否繼續履行這件事。

　這項條約規定了貿易的自由化，因**工業革命**而快速發展的英國則成了最大的受益者。

　在路易十六被處死後，歐洲各國為避免受到革命浪潮波及而組成反法同盟。在英國也表態加入後，法國不但背棄通商條約，還打擊了英國的對外貿易，露骨地展開保護自己國家產業的敵對政策。如此一來完全沒有轉圜的餘地，對英國來說，除非法國政權轉而支持自由貿易主義，否則只能和其拚戰到底。

　當時稱霸歐洲大陸的拿破崙一世為了讓英國走投無路而祭出《**大陸封鎖令**》，但對掌握制海權，且在美洲大陸也有市場的英國並未造成太大的打擊。受到打擊的反而是歐洲，各國紛紛陷入無法取得英國商品的困境，

KEY WORD

工業革命

　英國開始在國內製造各種產品以取代原本依賴進口的商品。從棉織物起步，並立刻擴展至陶瓷器。瑋緻活則於1759年創業。

搭上工業革命浪潮的瑋緻活

1801年	**納爾遜在哥本哈根海戰中大顯身手，殲滅丹麥、挪威聯合艦隊。**
1804年	俄羅斯使節列札諾夫航抵長崎。拿破崙成為皇帝。
1805年	**納爾遜於特拉法加海戰中陣亡。**
1806年	神聖羅馬帝國滅亡。**拿破崙為了打擊英國而發布《大陸封鎖令》。**
1807年	富爾頓發明汽船。**通過《廢除奴隸貿易法》。**
1808年	間宮林藏等人在樺太進行探險直至翌年。
1809年	**摩爾將軍在西班牙拉科魯尼亞的戰鬥中戰死。**
1812年	拿破崙遠征俄羅斯，最後以失敗告終。
1814年	**史蒂文生成功完成蒸汽火車的首度試運行。**
1815年	**威靈頓於滑鐵盧戰役中擊敗拿破崙軍。**

反法的情緒亦隨之高漲。

就自由貿易的觀點來看，東印度公司完全是與此背道而馳的存在。由於有愈來愈多聲音表示，姑且不談從印度進口商品的管制措施，但外銷印度這件事應該開放自由，因此英國便在1793年將部分出口貿易開放給個體商戶。

然而，東印度公司的特許狀不但獲得更新，獨占權還延長了20年，導致英國國內的反對聲浪更加高漲。眼見情勢如此，英國也無法繼續強行實施該政策。1813年不再延長東印度公司的獨占權，並廢止其在印度的貿易獨占權。除了中國皇帝的統治地域之外，東印度公司名下的所有貿易地、港口，以及有關貿易、交易、投機等權利全都開放給國民。

KEY WORD

《大陸封鎖令》

拿破崙一世於1806年與翌年，分別對柏林與米蘭發布《大陸封鎖令》。然而英國卻不痛不癢，持續與俄羅斯進行貿易。當伊比利半島發生反抗運動時，還立即派出援軍，迅速進行應對。

●《大陸封鎖令》帶來的變化與影響

英	開發南美市場，與俄羅斯展開走私貿易
法	工業化失敗，殖民地產業也一蹶不振
歐洲各國	失去與英國之間的交易往來，經濟停滯，愈發不信任拿破崙

↓

1810年崩盤

拿破崙一世意圖將英國趕出歐洲市場，謀取利益，反而信用掃地

史密斯

Smith, Adam

將經濟與倫理學結合，構築出史上第一套總體經濟學

史密斯的《國富論》從「分工」這項概念開始進行說明。
大頭針製造
舉例來說，大頭針的製造約分為18道製程。假設以10名人力來進行作業。
在人數、設備相同的情況下，以分工方式進行，作業效率會比較高。同時還能夠提升作業員的技術，可以較快賺取到用來投資設備的資本。
在工廠內實行分工時
負責抽鐵線
將鐵線拉直
剪斷
磨尖
完成
10個人分工合作一天能製造4000根
一個人負責18道製程時
一天頂多製造20根
10個人一天加起來才製造200根

●經濟學家・道德哲學家

生卒年 1723～1790年

出身 柯科迪（SCO）

事蹟 建構反重商主義的自由主義經濟學基礎

幸運的際遇帶來了靈光乍現

亞當・史密斯為蘇格蘭人。他將一生奉獻給研究與教育，之所以能培養出獨到的見解，下述三個階段的體驗對其思想的形成有很大的影響。

第一個階段是在格拉斯哥大學期間受到道德哲學哈奇森（Francis Hutcheson）教授的薰陶。道德哲學近似於現代的倫理學。

第二個階段是在牛津大學貝里歐學院的學習經驗，史密斯對這裡的保守作風難掩失望，日後更在其著作中直率地進行批判。

第三個階段為長達2年9個月的法國與瑞士之旅，史密斯不但結識了提倡重農主義的經濟學家魁奈

（François Quesnay），還與當代一流的學者、思想家有所交流，可謂獲益匪淺。

史密斯因著作《國富論》而名留青史。這本書所探討的內容相當多元。他在開頭提到，財富並非僅靠農業，而是由所有勞動共同創造出來的，接著敘述資本主義社會的架構與形成條件，並針對重商主義與重農主義提出批判，最後的結論則是，經濟必須透過自由競爭來帶動發展，而國家應該打造出適切的環境。

史密斯認為英國獨占北美殖民地貿易的做法，根本是愚不可及。

後續影響！

史密斯的理論經過後人批評、闡揚而發展為後世的經濟學

1867	卡爾・馬克思《資本論》
1890	阿爾弗雷德・馬歇爾《經濟學原理》
1936	J・M・凱恩斯《就業、利息和貨幣通論》

COLUMN

經驗主義所產生的智慧結晶

蘇格蘭的繁榮與啟蒙運動

不列顛島北部的蘇格蘭並非文化的不毛之地。18世紀在英國經驗主義的系譜上出現了耀眼的巨人，19世紀初葉則有寫下質量俱佳的歷史小說巨擘。

蘇格蘭在氣溫、土地肥沃度、植被等條件上，皆屬於較為嚴峻的生存環境，各方面都落於英格蘭之後。這點放諸哲學與文學領域亦沒有例外。

話雖如此，時間並非處於靜止狀態，而是不斷地往前推移，日後在英國文化史上留名的蘇格蘭人也不少。哲學領域的大衛・休謨與文學領域的華特・司各特，就是最好的例子。

休謨為律師之子，曾經在愛丁堡大學攻讀古典文學、哲學與科學。由於他的想法與傳統神學相牴觸，因而無法獲得教授之職，雖曾短暫從事公職，但大學畢業後，主要是以作家身分寫文章維生。

在探討英國經驗主義時，休謨是不可或缺的人物，但坦白說，對於不諳哲學的人而言，要理解其所闡述的內容根本就是不可能的事。

休謨出版的著作繁多，其中《人性論》、《道德原則研究》、《人類理智研究》等書皆有推出中文版，對哲學有所涉獵的讀者不妨挑戰看看。

相對於休謨，司各特的成就則很具體易懂。由於罹患小兒麻痺，單腳行動不便的緣故，司各特很擅長以傳

Hume, David
休謨
（1711～1776）
哲學家

Scott, Sir Walter
司各特
（1771～1832）
小說家・詩人

在18世紀左右蓬勃發展的愛丁堡。

說與故事作為題材，發揮天馬行空的想像力。自愛丁堡大學畢業成為律師後，仍然持續寫詩而小有名氣。

然而，看到小自己17歲的拜倫名聲愈發響亮，司各特完全喪失自信，於是毅然決然地放下詩人的身分，轉換跑道成為小說家。

司各特在1818年所出版的《密得洛西恩之心》（The Heart of Midlothian）被視為他早期作品中的最高傑作。這是描述一位貧窮的農民之女，為了要替因殺嬰嫌疑遭逮捕入獄的妹妹討回公道而奮不顧身的故事，司各特透過這名角色的言行來宣揚蘇格蘭人的美德。

不過在日本，1819年出版的《撒克遜英雄傳》（Ivanhoe）或許比上述作品更有名。故事背景為十字軍東征的時代，內容描述撒克遜騎士艾凡赫為了救出救命恩人之女蕾貝卡，而與諾曼騎士決一死戰的過程。故事中可見到許多與日本歷史劇共通的元素。藉由主角來展現騎士道精神的手法，也與日本歷史劇中的武士道有異曲同工之妙，亦即透過主角反映出他們的理想形象。

對法國大革命的見解形成鮮明對比的兩人

潘恩 VS 柏克

Paine,Thomas VS Burke,Edmund

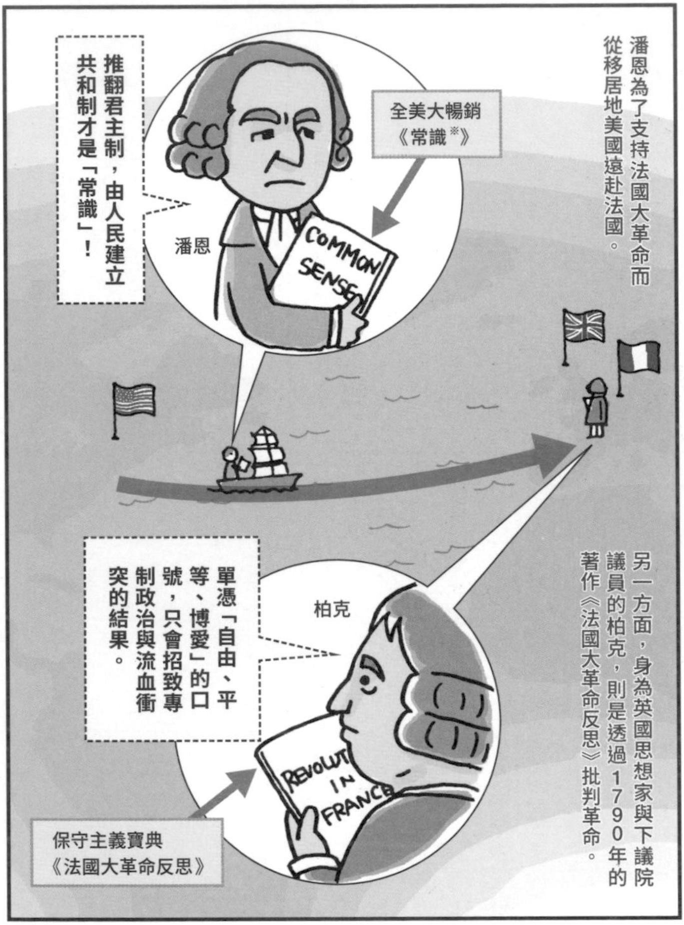
潘恩為了支持法國大革命而從移居地美國遠赴法國。
全美大暢銷《常識※》
推翻君主制，由人民建立共和制才是「常識」！
潘恩
COMMON SENSE
另一方面，身為英國思想家與下議院議員的柏克，則是透過1790年的著作《法國大革命反思》批判革命。
柏克
單憑「自由、平等、博愛」的口號，只會招致專制政治與流血衝突的結果。
REVOLUT IN FRANCE
保守主義寶典《法國大革命反思》

※《常識》：1776年1月發行出版，相傳3個月便賣出12萬冊。

潘恩	柏克
●印刷工・作家	●政治家
生卒年 1737~1809年	生卒年 1729~1797年
出身 塞特福德（ENG）	出身 都柏林（愛爾蘭）

對君主制的厭惡感成為動力來源

18世紀末，西方世界發生了歷史上的兩件大事。一為美國獨立戰爭，另一為法國大革命。有一位英國出身的人士參與了這兩件大事，他就是湯姆斯・潘恩。

潘恩因為宗教方面的因素而被趕出村子，輾轉換過許多工作，後來在1774年11月遷居美國成為印刷工。過了1年2個月後，他所撰寫的《常識》（Common Sense）這本小冊子大為暢銷，強烈地鼓舞了美國獨立的風潮。

在這之後，潘恩因為對法國大革命的理念深有同感而遠赴法國，並持續執筆寫作。

柏克擁護議會政治，贊成美國獨立。但是對激進又缺乏具體性的法國大革命持反對立場。
NO

讀完柏克著作的潘恩回到英國，出版了《人的權利》一書，強力反駁。
難道您認同世襲!? 人都是生而平等與自由的！
然而，害怕受到人民革命浪潮波及的英國政府，將潘恩敵視為「革命擁護者」，潘恩只好再度前往法國。
《人的權利》

法國大革命的後續發展，幾乎如同柏克先前所警告的一般，像是國王被處死、雅各賓黨※獨裁專政等等。
潘恩被逐出法國，最後在美國抑鬱而終。柏克直到現在仍被稱為「保守主義之父」。

※**雅各賓黨（Jacobins）**：主導法國大革命發展的政治黨派，此時期以馬克西米連・羅伯斯比爾（Maximilien Robespierre）為中心，展開激進的革命行動。創立於巴黎的雅各賓修道院。

反對全盤推翻所有事物的革命

英國人對法國大革命的看法並非全然一致。有些人的想法跟潘恩相同，有些人則贊同輝格黨下議院議員艾德蒙・柏克的見解。

柏克出身於中產階級家庭。他雖然支持議會政治，但反對橫征暴斂，因此對美國獨立戰爭展現出同情的態度。然而，柏克的立場在於排斥急速改變既存的秩序，因此他在1790年11月出版的著作《法國大革命反思》中，指出從根本上否定既存制度的危險，並對法國大革命展開批判。

後來，果真如柏克所擔憂的一般，法國大革命開始走向失控。先是國王路易十六與王妃瑪麗・安東尼（Marie Antoinette）被處死，接著革命政權內部展開大肅清等，混亂程度有增無減。

為興趣而活，將得天獨厚的資源發揮到極致的學者

卡文迪許

Cavendish, Henry

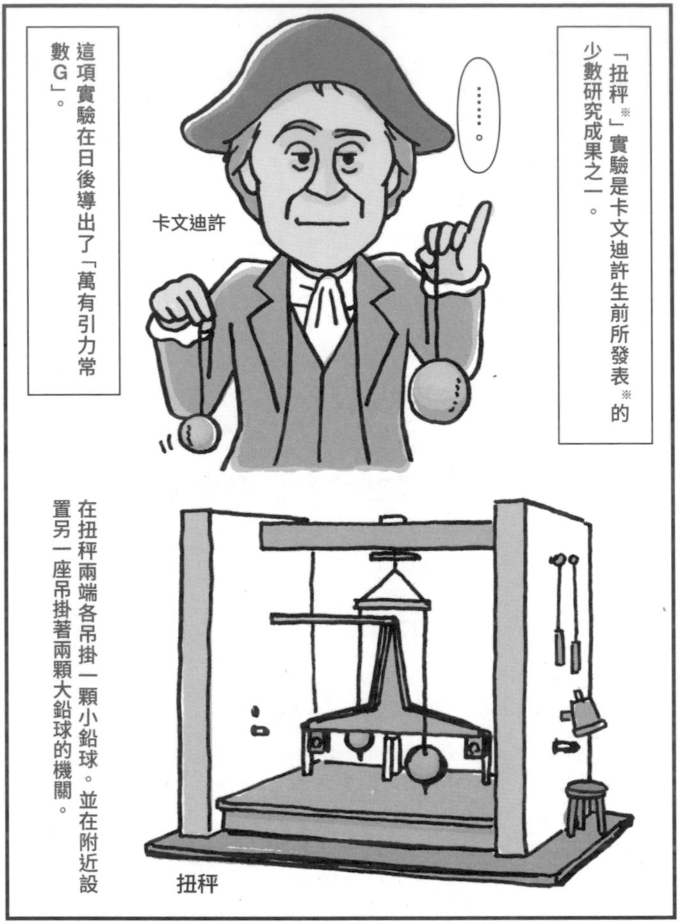
「扭秤※」實驗是卡文迪許生前所發表※的少數研究成果之一。
……。
卡文迪許
這項實驗在日後導出了「萬有引力常數G」。
在扭秤兩端各吊掛一顆小鉛球。並在附近設置另一座吊掛著兩顆大鉛球的機關。
扭秤

※**扭秤**：發想者為英國天文學家米歇爾（John Michell，1724～1793）。然而實驗尚未完成，他便離開了人世。後續由卡文迪許接手完成。

●物理學家・化學家

生卒年　1731～1810年

出　身　尼思（WAL）

事　蹟　發現氫氣、歐姆定律與庫侖定律

滿腦子只有實驗和研究的怪人

屢屢締造卓越不凡的成就，卻對財富與名聲毫不感興趣，因而在日本的知名度相當低。這位人物就是亨利・卡文迪許。

卡文迪許的父親是出身貴族的化學家。身為長子的卡文迪許完成劍橋大學的學業之後，毫無經濟壓力的他便關在住家與別墅的實驗室內，過著鎮日做研究的生活。

之所以選擇這樣的生活方式，是因為卡文迪許生性極度害羞，不喜歡與人交際的緣故。縱使對方是傾國傾城的美女也不例外，因此他終身未婚，將所有的熱情都投注在唯一感興趣的化學實驗上。

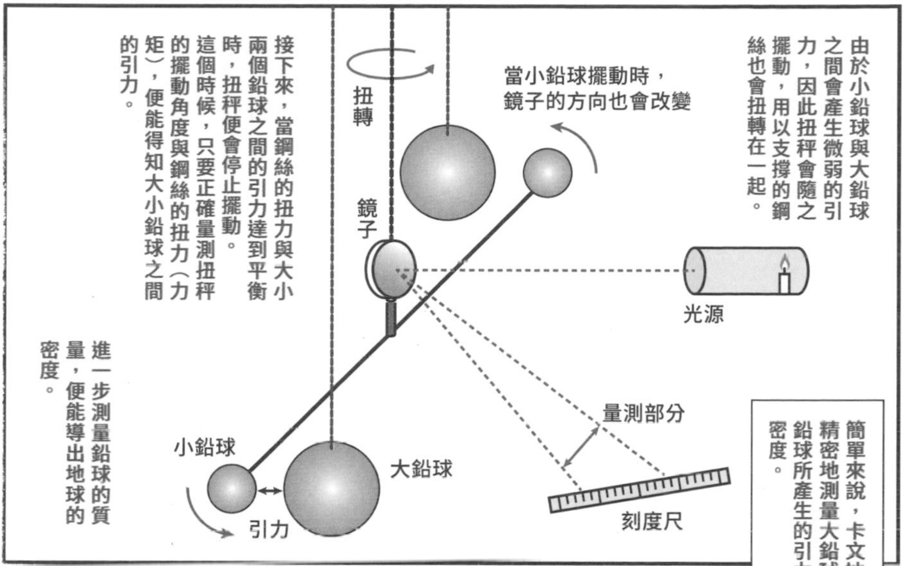
由於小鉛球與大鉛球之間會產生微弱的引力，因此扭秤會隨之擺動，用以支撐的鋼絲也會扭轉在一起。
當小鉛球擺動時，鏡子的方向也會改變
扭轉
鏡子
光源
量測部分
刻度尺
大鉛球
小鉛球
引力
接下來，當鋼絲的扭力與大小兩個鉛球之間的引力達到平衡時，扭秤便會停止擺動。這個時候，只要正確量測扭秤的擺動角度與鋼絲的扭力（力矩），便能得知大小鉛球之間的引力。
進一步測量鉛球的質量，便能導出地球的密度。
簡單來說，卡文迪許在已知大鉛球質量的前提之下，精密地測量大鉛球吸引小鉛球的引力，並與地球對小鉛球所產生的引力進行比較，進而求出地球的重量與密度。

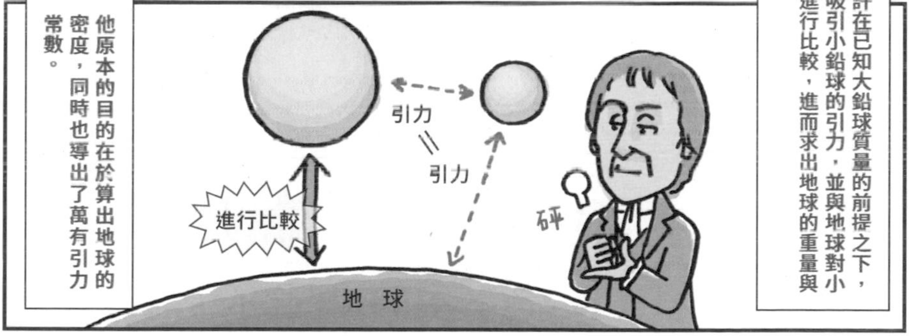
他原本的目的在於算出地球的密度，同時也導出了萬有引力常數。
引力
＝
引力
進行比較
砰
地　球

※**發表**：卡文迪許極度沉默寡言，又討厭與人往來，因此他的偉大成就大部分都是在其死後才被世人所知。

將無數的偉大成就封印於實驗室

卡文迪許擁有源源不絕的好奇心與探究心，卻對名譽地位毫無興趣，除了學術論文外，他絲毫無意透過其他方式發表研究成果。也因如此，卡文迪許的成就，大半都是在他死後好幾年才廣為世人所知。

舉凡合成砷、合成硝酸、測量蒸氣壓、測量水溶液的電導率、測量地球密度、測量萬有引力常數等等，有關卡文迪許的成就，信手拈來便超過10項，其中最傲人的成就莫過於發現氫氣。

這也是卡文迪許透過論文公開發表的少數研究成果之一。

後續影響！

1874年，在英國劍橋大學內設立了冠上卡文迪許之名的實驗室。自1904年以降，該實驗室培養出將近30位的諾貝爾獎得主。

終結困擾人類的傳染病的近代免疫學之父

詹納

Jenner, Edward

詹納的發現，來自於他對疑問的探究精神。
我以前曾經得過牛痘，應該不會感染天花※才對。
的確，擠乳工人確實很少得到天花。但是為什麼會這樣呢？
詹納

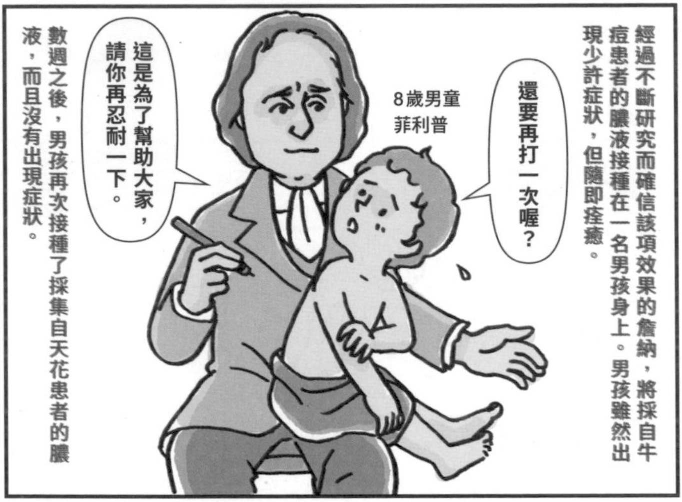
經過不斷研究而確信該項效果的詹納，將採自牛痘患者的膿液接種在一名男孩身上。男孩雖然出現少許症狀，但隨即痊癒。
還要再打一次喔？
8歲男童
菲利普
這是為了幫助大家，請你再忍耐一下。
數週之後，男孩再次接種了採集自天花患者的膿液，而且沒有出現症狀。

※ **天花**：感染力極強的急性發疹性疾病。感染者一開始會發燒，接著全身出疹並轉為膿皰，最後留下痘疤痊癒。在治療方法問世前曾反覆大流行，造成大量病患死亡。

●醫師

生卒年 1749～1823年
出身 伯克利（ENG）
事蹟 透過牛隻的疾病發現預防天花的方法

跟著傑出人才多方學習

天花與鼠疫在當時都是令人聞之色變的傳染病。如今已確立了預防法，而想出這套方法的人便是愛德華．詹納。

詹納為牧師之子，在家中排行第六。他在中學畢業後，跟在魯德洛（Daniel Ludlow）這名外科醫師身邊見習10年，還曾在被譽為「實驗生理學之父」、「近代外科學始祖」的亨特（John Hunter），以及曾參與庫克船長航海行程的博物學家班克斯（Joseph Banks）的身邊學習過，之後於1773年回到故鄉，開業成為外科醫師。

詹納不僅是一位醫師，據說他亦擅長寫詩與吹奏長笛，是一位多

雖然證實了效果，但又遇到新的問題。有些人因為接種而被傳染牛痘患者身上其他的疾病。
對呀！直接從牛身上採取就好了！
哞
於是詹納從感染牛痘的小母牛的膿疱採取膿液，再接種※於人體的「牛痘種痘※法」便誕生了。
坊間原本流傳著「種痘會變成牛」的謠言，但是民眾後來逐漸認同接種的效果。
「疫苗」的英文vaccine，其語源來自代表母牛的拉丁語「vacca」。這與接種牛痘有關。

※**接種**：當時預防天花的方法為「人痘法」。這是將天花患者的膿液注射到健康的人身上，以獲得免疫力的方法，不但風險很高，也很常失敗。

※**種痘**：意即天花的預防接種。後來經過改良，進行全球大規模的施打，1980年WHO宣布根除天花，同時廢除種痘。

才多藝、善於社交的男子。

民間傳說成為解開問題的關鍵

從事科學工作的人不應該輕信民間傳說。就常識而言的確是這樣沒錯，但是詹納卻不這麼認為。牛痘是發生在牛身上的一種輕度傳染病，曾感染過牛痘的擠牛乳女工不會得天花，這項流傳於鄉里的傳說一直令詹納耿耿於懷。

要解開長年的疑問就只能進行人體實驗。下定決心之後，詹納在1796年對鄰居的8歲男孩進行測試。

結果證實民間傳說是真的。詹納將實驗結果彙整成論文，並於2年後公開發表。

後續影響！

1803年設立了以推廣種痘為目的的詹納協會。之後，在長年的努力下，WHO於1980年宣布天花病毒自地球上完全根除。

阿克萊特

Arkwright, Richard

不同於凡人的著眼點，充滿創業精神的發明家

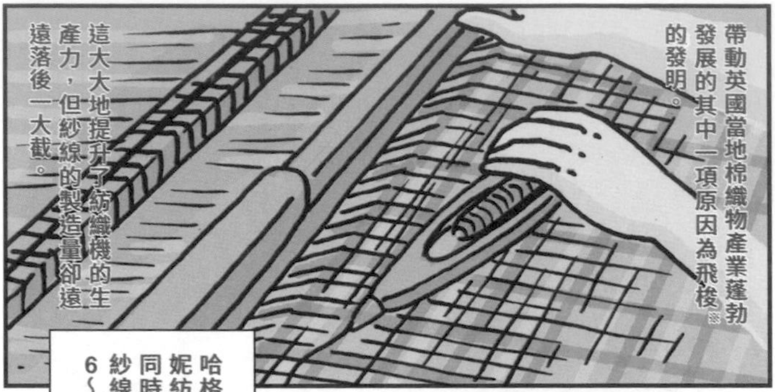
帶動英國當地棉織物產業蓬勃發展的其中一項原因為飛梭※的發明。
這大大地提升了紡織機的生產力，但紗線的製造量卻遠遠落後一大截。

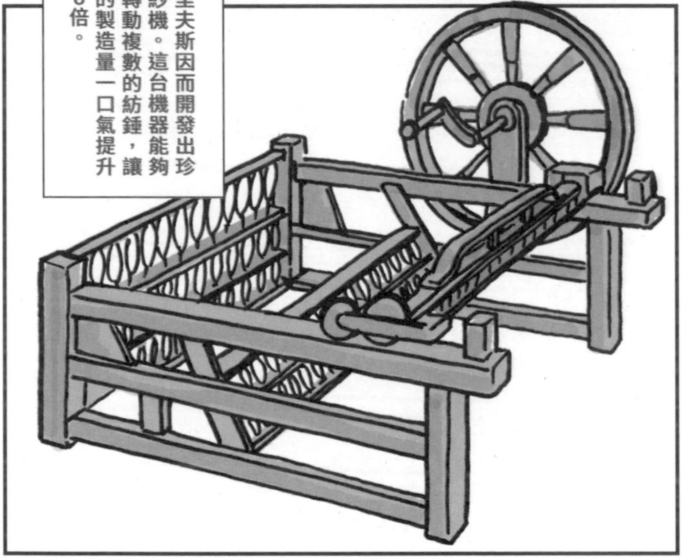
哈格里夫斯因而開發出珍妮紡紗機。這台機器能夠同時轉動複數的紡錘，讓紗線的製造量一口氣提升6～8倍。

※ **飛梭**：讓緯線能迅速穿過經線之間的工具。大幅縮短了紡織的時間。

●發明家・創業家

生卒年 1732～1792年

出身 普雷斯頓（ENG）

事蹟 設立透過水力與蒸氣壓運作的棉織物工廠

工業革命的推手原為假髮師傅

若說工業革命的主要目的為大量生產品質劃一的產品，以便壓低價格進行販售，那麼勢必得從倚賴人力的家庭生產，轉變為利用動力或機械的工廠生產。換句話說，這需要劃時代的發明與技術方面的革新。而理查・阿克萊特就是滿足那個時代需求的人才之一。

據說阿克萊特天生就擁有豐富的創造力，在經營理髮店與從事假髮生意的同時，還對紡紗機十分感興趣，不斷獨力鑽研相關技術。

他的辛勤努力終於開花結果，先是在1769年開設馬力紡紗工廠，接著在2年後建設水力紡紗工廠。後者的製程全都透過水力來完

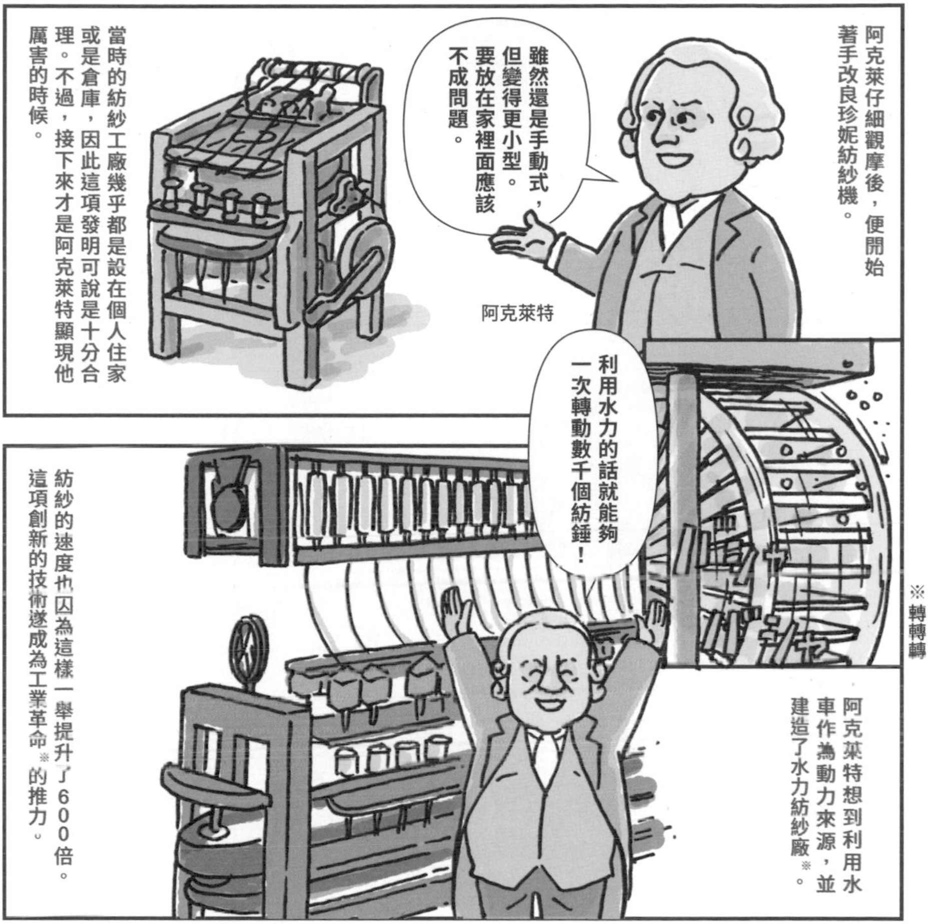

阿克萊仔細觀摩後，便開始著手改良珍妮紡紗機。
雖然還是手動式，但變得更小型。要放在家裡面應該不成問題。
阿克萊特
當時的紡紗工廠幾乎都是設在個人住家或是倉庫，因此這項發明可說是十分合理。不過，接下來才是阿克萊特顯現他厲害的時候。
阿克萊特想到利用水車作為動力來源，並建造了水力紡紗廠※。
利用水力的話就能夠一次轉動數千個紡錘！
※轉轉轉
紡紗的速度也因為這樣一舉提升了600倍。這項創新的技術遂成為工業革命※的推力。

※**水力紡紗廠**：阿克萊特的紡紗機是透過手工來紡紗，雖然質地堅固但不夠細緻。於是阿克萊特便去找襪子製造業者出資，興建這座大規模的工廠。

※**革命**：有別於傳統「工匠」，透過「工廠」這項新體制，培養出眾多按照規定作業的「勞工」。

成，更具劃時代意義。

阿克萊特是一位很常自我反省的人，他認為自己並非完美的人，因此這項發明一定還有需要改良的地方。最大的問題在於，如何在無法取得水力的地區或季節運用這項技術。此時阿克萊特注意到的是，經過機械工程師瓦特精心改良後的蒸汽機。

阿克萊特於1790年在自家工廠裝設蒸汽機。不過在他逝世10年後，蒸汽機才正式成為工業的主要動力。

後續影響！

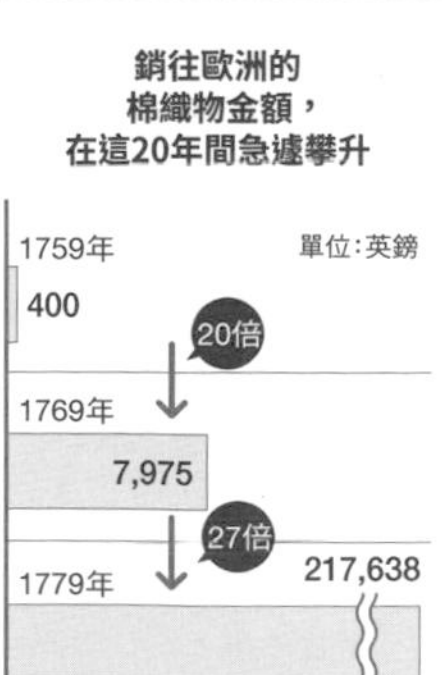

銷往歐洲的
棉織物金額，
在這20年間急遽攀升
單位：英鎊
1759年
400
20倍
1769年
7,975
27倍
1779年
217,638

瓦特

最大的顧客為煤礦。發明造福礦工的蒸汽機

Watt, James

1765年
師傅，結果如何？
總算是有點頭緒了。
瓦特
瓦特當時正在想辦法改良紐科門※為了解決礦山的排水問題所發明的蒸汽機。

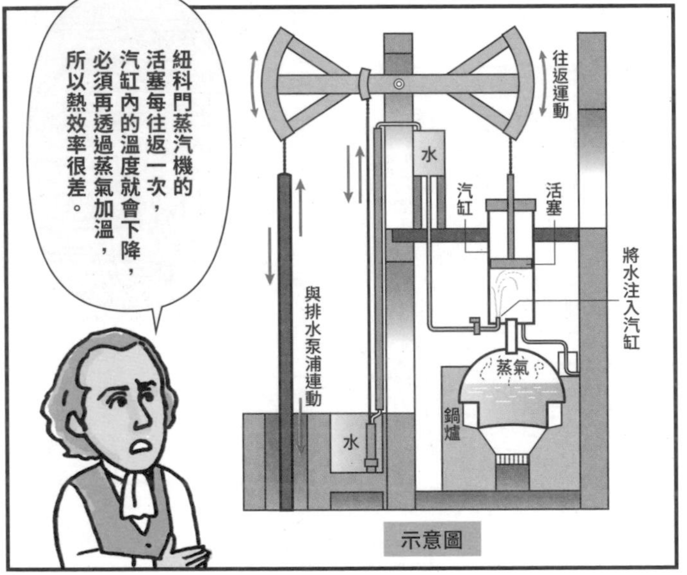
往返運動
水
汽缸
活塞
將水注入汽缸
蒸氣
鍋爐
與排水泵浦連動
水
示意圖
紐科門蒸汽機的活塞每往返一次，汽缸內的溫度就會下降，必須再透過蒸氣加溫，所以熱效率很差。

※**紐科門（Thomas Newcomen，1664～1729）**：發明家、創業家。他所發明的蒸汽機熱效率很低，據說僅有1%左右。

●機械工程師
生卒年 1736～1819年
出身 格里諾克（SCO）
事蹟 開發出實用型蒸汽機，對工業革命有所貢獻

因友人知己相助，獲得特別待遇

提到瓦特就會令人想到功率單位。這個名稱是來自於詹姆斯·瓦特，他是探討工業革命時不可或缺的人物。

瓦特為造船木匠之子，本身也以成為技術人員為目標。因為工作方面的關係，他經常出入格拉斯哥大學，因而與知名的化學家布拉克（Joseph Black）成為朋友，布拉克還在大學內為瓦特爭取到供數學機器製造者使用的工作室。

瓦特後來對蒸汽機產生興趣並十分熱衷於改良，他不單只是滿足於解決既有蒸汽機效能低的問題，更在1769年成功開發出熱效率極高，愈來愈接近實用化的新型蒸

被鍋爐加熱的蒸氣會將汽缸內的活塞往上推，但又會被水冷卻而降溫。
所以不是在汽缸內引起凝結※，而是在汽缸旁加裝凝結器。

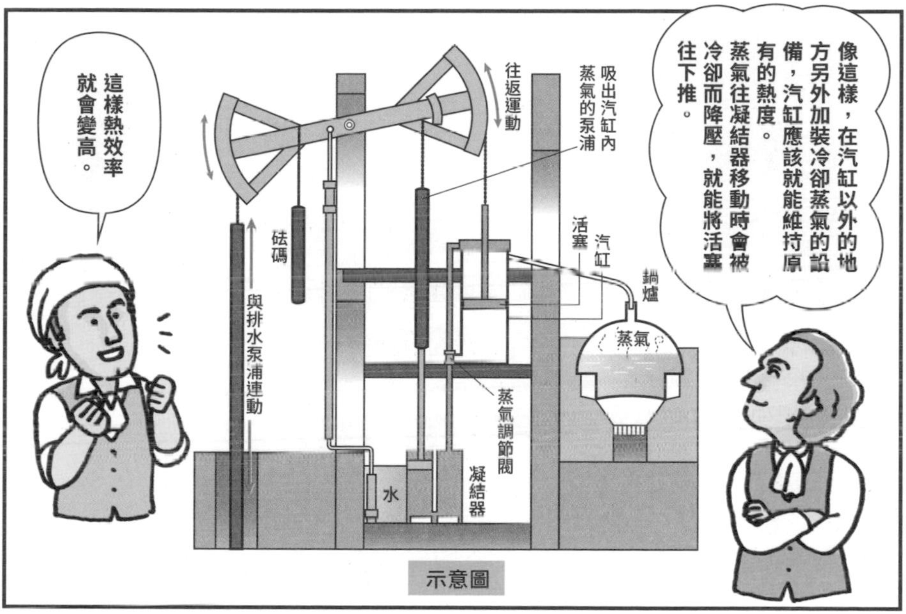
像這樣，在汽缸以外的地方另外加裝冷卻蒸氣的設備，汽缸應該就能維持原有的熱度。蒸氣往凝結器移動時會被冷卻而降壓，就能將活塞往下推。
往返運動
吸出汽缸內蒸氣的泵浦
砝碼
活塞
汽缸
鍋爐
蒸氣
與排水泵浦連動
蒸氣調節閥
凝結器
水
示意圖
這樣熱效率就會變高。

※ **凝結**：這裡指的是蒸氣遇冷變成水。變成水時體積就會減少，汽缸內的壓力也會下降，這樣就能將活塞往下推。

汽機。

即便成功研發出機器，但如果無法實際應用於作業現場則毫無意義。因此瓦特在1775年，與出資者博爾頓（Matthew Boulton）成立了博爾頓和瓦特公司，開始進行蒸汽機的商業化生產。

當時正值英國工業革命如火如荼進行的時期，各地的礦山與工廠都很需要送風機來確保礦工的性命安全，而瓦特改良後的機器完全符合各方面的條件。

這項優秀的發明也獲得阿克萊特的認同，並在1785年將瓦特的蒸汽機引進紡紗工廠。

後續影響！

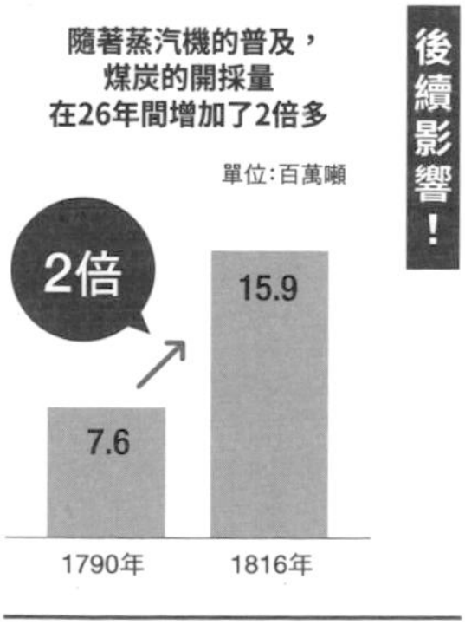
隨著蒸汽機的普及，
煤炭的開採量
在26年間增加了2倍多
單位:百萬噸
2倍
15.9
7.6
1790年
1816年

COLUMN

追求人類理應擁有的權利

捍衛奴隸、女性、兒童的權利

結合基督教人文主義與基本人權的思想，再加上自由貿易主義的觀點等，促使英國社會逐漸朝向禁止奴隸交易、認同女性與兒童權利的方向前進。

斯圖亞特王朝的查理一世為了填補因對外戰爭而耗空的國庫，強行課徵臨時稅。對此，議會於1628年5月根據《大憲章》等的規定，要求廢除強制徵收援助金、恣意課稅、非法逮捕與羈押入獄，以及對一般民眾使用軍法等政策。總計由11項內容所構成的這份文件被稱之為《權利請願書》。

時間跳到現在的全球化，禁止奴

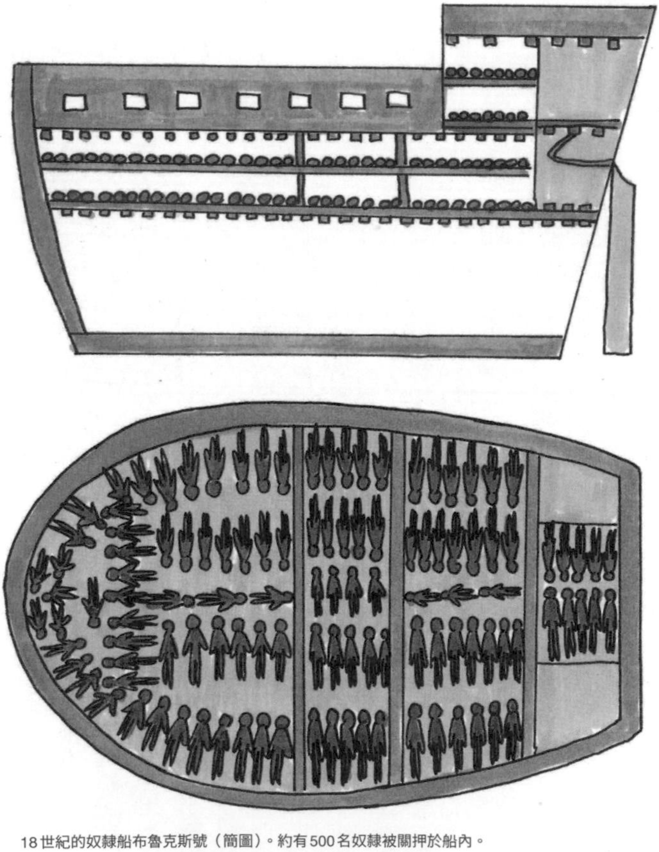

18世紀的奴隸船布魯克斯號（簡圖）。約有500名奴隸被關押於船內。

Wilberforce, William
威伯福斯
（1759～1833）
政治家
Owen, Robert
歐文
（1771～1858）
思想家
Wollstoncraft, Mary
沃斯通克拉夫特
（1759～1797）
思想家

隸制度自不在話下，男女平等與兒童權利已經是大家共同努力的目標。而為1628年的《權利請願書》與21世紀的現代搭起橋梁的，則是威廉・威伯福斯、瑪麗・沃斯通克拉夫特與羅伯特・歐文等人。

威伯福斯是以主張廢除奴隸貿易而聞名的政治家，在他鍥而不捨的努力下，英國議會終於在1807年通過了《廢除奴隸貿易法》。

為了補充因疫病而銳減的原住民人力，從非洲被運往美洲大陸與加勒比海群島的黑人人數，推估總共超過1000萬人。

黑人們像擠沙丁魚般被關在奴隸船的最底層，連想喝個水都是一種奢求。不斷有人死於營養不良或是選擇自盡，抵達陸地前便少了3成以上的人是很常見的事。

至於沃斯通克拉夫特則是一位靠著從事家庭教師與翻譯工作等自力更生的女性，同時也因為與提倡人民自由和宗教寬容的普萊斯、潘恩有所往來和交流，而有了先進的思想。她在1792年所撰寫的《為女權辯護》一書中，主張女性在經濟上、精神上的自立與參政權等，是最早為女性解放思想構築基礎體系的人物。

第三位是歐文，他是在工業革命快速發展的時期，經營事業有成的人物。歐文除了在自身經營的紡紗工廠採取人道政策，諸如實施與生產技術有關的員工教育、協助成立同業公會等，甚至還領先各業界，制定保障婦女與兒童勞動權益的《工廠法》，是一位走在時代尖端的人物。

歐文也因為這些事蹟被定位為社會改革思想家。歐文與法國的聖西門（Claude Saint-Simon）以及傅立葉（Charles Fourier）並列為三大空想社會主義者。

納爾遜

Nelson, Horatio

大半輩子皆在軍艦上度過的拿破崙戰爭的英雄

即使失去一隻眼睛、一條手臂依然奮戰不懈的納爾遜，被視為自我犧牲的象徵。不過大眾卻更愛他那不按常理出牌、膽識過人的作風。
納爾遜紀念柱※頂端的納爾遜像
1797年，在聖文森角海戰中，納爾遜無視上級的命令與作戰順序，親自指揮海上突擊部隊。
突擊隊準備進攻！跟我來！
喔
納爾遜的孤注一擲換來了勝利，成功擊敗西班牙艦隊，因此未被追究違反規定一事。納爾遜的勇敢受到讚揚，失去一隻手臂的他在歡聲中回到家鄉。

※**納爾遜紀念柱**：坐落於倫敦特拉法加廣場中央，規模巨大，在46公尺高的底座上設置5.5公尺高的雕像。

●軍人

生卒年 1758～1805年

出身 伯納姆索普（ENG）

事蹟 於特拉法加海戰中殲滅法西聯合艦隊

12歲投身海軍的天之驕子

倫敦國家美術館典藏了許多世界名畫。館前寬闊的特拉法加廣場是另一個知名觀光景點，廣場中央則矗立著高約46公尺的柱子。這根巨大的柱子名為納爾遜紀念柱。納爾遜是在特拉法加海戰中擊敗拿破崙的關鍵人物，在英國也是享有崇高地位的英雄。

霍雷肖．納爾遜出生於神職人員家庭，由於舅舅的介紹，年僅12歲便加入海軍，之後因為在學習與工作方面的表現備受肯定，20歲便已升任為艦長。

納爾遜在1787年因為結婚的關係而被編入預備役，在故鄉過了好一陣子的安穩生活，但隨著與

納爾遜與具有致命吸引力的知名美女艾瑪．漢彌爾頓交往多年，兩人熱情如火的羅曼史，更為其增添不少男性魅力。
……。
我愛妳！
我也是！
……。
以現代話來講，這兩位其實是「雙不倫」，但他們卻毫不掩飾這段婚外情。
無論是在戰場上，還是在日常生活中，納爾遜始終遊走在魯莽與英勇的邊緣。就連在哥本哈根海戰時……
快撤退！
誰說的！
納爾遜故意將望遠鏡放在失明的右眼上，無視撤退信號，持續發動砲擊。他的判斷確實沒錯，戰況隨之轉變為英國占上風。
那個呢？
我有時會失明，看不見撤退信號。準備攻擊！

法國之間的戰爭開打，又隨即回歸第一線。

人生也在海上落幕

在歐洲大陸取得霸權的法國皇帝拿破崙一世，當時也打算登陸攻打英國本土。準備給敵人來個迎頭痛擊的英國，派出納爾遜率領27艘軍艦應戰。1805年10月21日雙方展開決戰，地點就在西班牙西南方的特拉法加角。納爾遜被砲彈擊中不幸身亡，但英國在此戰役中大獲全勝，從此掌控了歐洲西部的制海權。

特拉法加廣場就是為了紀念這場戰爭的勝利而建造的，紀念柱頂端樹立著納爾遜的銅像。柱身底座立有4尊獅子雕像，這是將沉沒的軍艦所搭載的大砲回收後再製而成的。據悉日本三越百貨前的獅子像就是以此為原型。

威靈頓

在攸關全歐洲命運的關鍵一戰中取得勝利的名將

Wellington, Arthur Wellesley

●軍人・政治家
生卒年 1769～1852年
出身 都柏林（愛爾蘭）
事蹟 率領聯軍對抗法軍，獲得勝利並終結戰爭

拿破崙一世
氣呼呼
被流放到厄爾巴島的拿破崙依然沒有放棄自己的雄心壯志。
1815年3月，拿破崙返回法國後，拉攏陸軍奪回帝位，並於6月15日進攻尼德蘭聯合王國（現在的比利時）。
威靈頓※則是率領英軍從布魯塞爾南下，一路與法軍交戰，並於18日在布魯塞爾大道的山丘上（滑鐵盧）和荷蘭、德國的盟軍會合。

※**威靈頓**：韋爾斯利與拿破崙一世交手連戰皆捷，並於1814年4月成功迫使其退位。他也因為這些功績而受封為公爵。成為威靈頓公爵後，他則以政治家的身分持續發揮過人的能力。

在法國的經驗成為一大助力

在講述拿破崙戰爭的時候，除了納爾遜之外，還必須提到另一位軍人。那就是率領英國陸軍作戰的威靈頓。

威靈頓的本名為亞瑟・韋爾斯利。因後來被授予威靈頓公爵的爵位，大家遂以此封號稱呼他。

威靈頓是受封為第一代莫寧頓（Mornington）伯爵加勒特・韋斯利（Garret Colley Wesley）之子，排行第三。他在父親過世之後遵循母意，前往歐洲大陸的布魯塞爾，於法國陸軍士官學校完成學業後，加入英國陸軍，並於1797年派駐印度。1805年歸國後成為下議院議員，並曾擔任過愛爾蘭總督

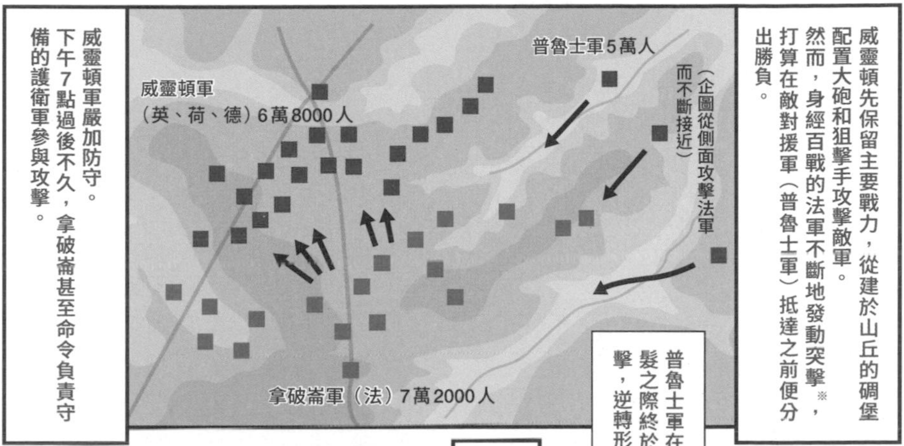
威靈頓先保留主要戰力，從建於山丘的碉堡配置大砲和狙擊手攻擊敵軍。然而，身經百戰的法軍不斷地發動突擊※，打算在敵對援軍（普魯士軍）抵達之前便分出勝負。
普魯士軍5萬人
（企圖從側面攻擊法軍而不斷接近）
威靈頓軍（英、荷、德）6萬8000人
拿破崙軍（法）7萬2000人
普魯士軍在千鈞一髮之際終於展開攻擊，逆轉形勢。
威靈頓軍嚴加防守。下午7點過後不久，拿破崙甚至命令負責守備的護衛軍參與攻擊。

自知即將吞下敗仗※的拿破崙一世策馬奔逃。法國士兵則四散而逃。
要是護衛軍再早一點發動攻擊，可就不妙了。拿破崙真是隻老狐狸。
威靈頓

※**突擊**：面對不斷進犯的騎兵，威靈頓軍採取呈正方形的密集隊形「方陣」來加強防禦，堅忍應戰。

※**敗仗**：回到法國的拿破崙一世被迫退位，並被流放至聖赫勒拿島。以歐洲為戰場的拿破崙戰爭宣告結束。

副官。

在陸地戰不曾打過敗仗的指揮官

1808年，當伊比利半島展開反拿破崙抵抗運動後，威靈頓便以支援的名義被派往前線，於各地擊退法國軍隊。除了確保反攻據點外，到了1813年已幾乎將法軍逐出伊比利半島，立下出眾戰功。

接下來迎接他的是1815年6月18日的滑鐵盧戰役。英法雙方展開激烈交戰，威靈頓最終獲得勝利女神的微笑，打敗拿破崙而成為名留青史的名將。

後續影響！

在規劃戰後歐洲秩序的維也納會議上，英國在馬爾他島、錫蘭與開普殖民地的主權獲得承認。拿破崙一世在法國失勢，波旁王朝復辟。

COLUMN

直率表現情感的新潮流

歌頌浪漫的英國國民詩人

制式刻板的表現手法已令人生厭。無須強行壓抑高漲的情感，而是應該坦率直接地表現出來。切身感受到社會轉變的作家們遂開創出嶄新的領域。

蘇格蘭的作品在文學史上被歸類為浪漫主義。浪漫主義是指打破古典主義僵化的表現形式，強調創造行為的重要性等革新潮流的總稱。生活於同一時代的威廉・布萊克、威廉・華茲華斯、拜倫等人的作品也屬於此一範疇。

布萊克自幼便有著非常豐富的想像力，也經常看見幻影，甚至有時會陷入妄想症。扣除掉這一點，他其實可說是一位感受力豐富的天才詩人。

充分展現出布萊克詩作特質的傑作，首推《天真與經驗之歌》。詩中透過天真的兒童世界與無情的大人世界做對比，巧妙地解析副標題「人類精神的兩種對立狀態」。

此外，布萊克在《天堂與地獄的婚姻》這部作品，透過闡述善與惡、精神與肉體、活力與理性、愛與恨等這些屬於人類本性的對立事項，表明經由這些對立衝突，人才能達到更高層次的調和狀態。

接著是華茲華斯。他在學生時代醉心於激進思想，對法國大革命感到熱血沸騰，甚至跑到當地待了大約一年的時間。

DATA　其他英國浪漫主義名作

・《米爾頓》布萊克著與作畫
結合預言詩與彩色插圖的作品。開頭的「And did those feet in ancient time（追隨先人的腳步）」一句則成為英國國歌的歌詞。

・《抒情歌謠集》，華茲華斯、柯勒律治合著
收錄了華茲華斯闡述詩作定義的知名序文。他主張自然地吟唱民眾的口語才是詩的本質。

・《解放了的普羅米修斯》雪萊著
以神話為題材的詩劇。講述全能全知的神宙斯企圖毀滅人類，因偷偷幫助人類而遭懲罰的普羅米修斯獲釋的故事。

・《該隱》拜倫著
宗教詩劇。描述對神有所懷疑的亞當與夏娃之子該隱，透過與惡魔接觸，試圖填充自身的內在世界。

Blake, William
布萊克
(1757～1827)
詩人・畫家
Byron, George Gordon, 6th Baron
拜倫
(1788～1824)
詩人
Wordsworth, William
華茲華斯
(1770～1850)
詩人

然而，在局勢動盪不安的環境下生活，對感受力強的人而言，無疑是一種酷刑。將妻女留在法國當地的愧疚感，以及陷入對法國共和制的認同與對英國的忠誠兩相拉扯的為難中，讓他愈發感到痛苦，再加上之後對走入恐怖統治的法國感到幻滅，令華茲華斯在精神上受到相當大的折磨。

後來，他選擇轉換環境，透過各式各樣的方法，終於重新振作起來，同時還成為帶動英國詩歌革新的靈魂人物。

詩可謂「人類內心世界的自然展露」，此乃華茲華斯對詩所提出的定義，而他畢生的創作活動從未偏離這項定義。在華茲華斯晚年的作品中，亦可見到他對工業革命帶來的負面影響提出批判。

第三位則是拜倫。讓他一炮而紅的作品是，記錄地中海旅行所見所聞的《恰爾德．哈羅爾德遊記》，全文充滿了當時流行的厭世主義色彩。

在這之後拜倫也不斷推出話題之作，同時亦參與了希臘所發起的脫離鄂圖曼帝國的獨立運動。但在過程中不幸罹患腦炎，於希臘西部的都市邁索隆吉翁（Mesolongion）結束36年的人生。

英國的浪漫主義因拜倫之死而走向終點。

憑藉天生的才能與罕見的熱忱創造大成就的「鐵道之父」

史蒂文生

Stephenson, George

1825年，連結利物浦與曼徹斯特的鐵路開通計畫正式展開。
一定要獲勝！
兒子
羅伯特
是啊！
史蒂文生
有關當局打算根據3輛火車頭的競賽※結果來決定行駛此路線的車輛。史蒂文生父子派出火箭號來參加這場「雨山試車選拔賽」(Rainhill Trials)。

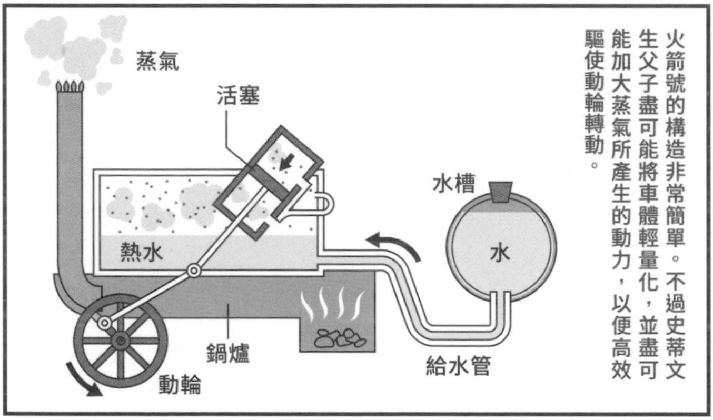
火箭號的構造非常簡單。不過史蒂文生父子盡可能將車體輕量化，並盡可能加大蒸氣所產生的動力，以便高效驅使動輪轉動。
水槽
水
給水管
蒸氣
活塞
熱水
鍋爐
動輪

※**競賽**：比賽規則為拖行20噸重的列車，時速不得低於26公里，並在長3.2公里的軌道上完成往返。

●機械工程師

生卒年 1781～1848年

出身 維拉姆（ENG）

事蹟 製作出世界第一輛實用蒸汽火車

鐵道技師乃命定的天職

英國為鐵道發源地。開始載客營運是1830年9月15日，當時負責製作蒸汽火車的是日後被譽為「鐵道之父」的喬治・史蒂文生。

史蒂文生為煤礦工人之子，從小便熱愛研究機械，長大後他也進入礦場工作，成為引擎維修工。

史蒂文生熱衷工作與勤奮好學的態度深獲好評，因此不斷地往上晉升。1813年礦場主人委託他製作一輛方便搬運煤炭的蒸汽火車頭，成為其生涯的轉捩點。

也許是因為製作火車頭的經驗十分有趣的緣故，史蒂文生順利完成礦場主人的委託，接著幾年後便轉任鐵道技師。

火箭號跑出最高時速47公里，
成功獲得採用。
47km/h
利物浦・曼徹斯特
鐵路開通※典禮
火箭號成為之後蒸汽火車的範本。
此外，史蒂文生所採用的1435公厘軌距（軌道距離），
被稱為史蒂文生軌距，至今仍是世界標準軌距。
在不久的將來，鐵路一定會拓展到全世界。而爸爸你就是「鐵道之父」。
別這麼說，有你在才能這麼順利。

※**開通**：典禮於1830年9月15日舉行。利物浦與曼徹斯特之間的路程，原本經由運河需要花上1天半的時間，後來大幅縮短到只需2小時。

史蒂文生雖然從未受過高等教育，但他過人的洞察力與熱忱足以彌補這項不足。而他也的確做出一番成績，前來委託他的工作愈來愈多，並於1823年成立自己的火車製作工廠。2年後，史蒂文生報名參加設計競賽，他讓他試作的火車在約克郡的斯托克頓至達靈頓之間跑動，並因而獲得獎金。史蒂文生不斷進行實驗，終於成功接到世界第一輛商用火車頭的工作。

後續影響！

鐵路總長度在5年間大幅成長25倍

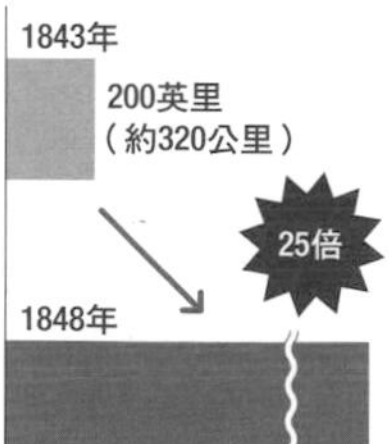
1843年
200英里
（約320公里）
25倍
1848年
5000英里
（約8000公里）

為工業革命不可或缺的交通工具、設備帶來創新的菁英父子檔

布魯內爾

Brunel, Isambard Kingdom

請注意一下這座橋先進的設計※！
布魯內爾
架設於塔馬河上的巨大熟鐵製鐵路橋「皇家阿爾伯特橋」，是由布魯內爾設計的。

布魯內爾也有設計蒸汽船。大東方號為當時世界最大的蒸汽船。

※ **設計**：布魯內爾無論身為工程師還是設計師，都很優秀。唯一與鐵路相關的國際設計競賽「布魯內爾獎」，就是源自其名。

●工程師

生卒年　1806～1859年
出身　樸次茅斯（ENG）
事蹟　建設泰晤士河底隧道、設計外洋航線用大型船

父親為大量生產工法的先驅

史蒂文生與獨生子羅伯特兩人齊心協力，獲得極大的成功，而在同一時期，還有另一對享有盛名的工程師父子檔。他們就是法國出身的工程師馬克・布魯內爾（Marc Isambard Brunel）與伊桑巴德・布魯內爾。

父親馬克製作出能夠大量生產船舶用木製滑輪的機械，讓原本需要100多名人力的作業，縮減到僅需10人便可以完成。他的另一項著名事蹟為利用潛盾隧道（shield tunneling）工法完成倫敦泰晤士河底隧道，上述這些成就令他獲頒騎士封號。

看著父親工作的背影長大的伊

大東方號是一艘可容納5000名乘客的郵輪，曾經航行大西洋，但因不符成本而停航。
後來將其改裝成海底纜線鋪設船。

布魯內爾還曾想出嶄新的鐵路系統，以送入密閉真空管內的空氣為動力。
雖然是零噪音與零排煙汙染的先進構想，但在實驗階段就宣告失敗。
難免也會遇到這種情況。

不畏失敗，持續將目標放在建設美好未來的布魯內爾，於53歲與世長辭※。他至今依然是英國人的驕傲。
膽大心細，才能成就大事。
TWO POUNDS
2006

※**與世長辭**：相傳是因為過勞引起中風所造成的。

桑巴德也同樣走上工程師之路，並一同參與泰晤士河底隧道的建設工程。

設計出令世人大開眼界的大型船

伊桑巴德也留下許多成就，其中最有名的莫過於設計出顛覆當時常識的大型船。

1839年開始建造，歷時4年，於1843年竣工的大不列顛號（Great Britain），是第一艘安裝螺旋槳的遠洋商船，而且也是第一艘大型鐵製商船。

另一方面，1858年下水啟用的大東方號（Great Eastern），在當時為規模驚人的巨型船隻，在長達半個多世紀的時間裡，都沒有其他船打破它的紀錄。

大東方號全長211公尺，寬25．2公尺，總噸數1萬8915公噸，推進裝置除了船體中央兩側的一對外輪，以及船尾所安裝的螺旋槳外，還架設了6根桅杆。

COLUMN

Mill, John Stuart
彌爾
(1806～1873)
哲學家・經濟學家

Bentham, Jeremy
邊沁
(1748～1832)
法學家・哲學家

為了守護人民幸福與自由的民主制度

近代民主主義所倡導的幸福

現在的已開發國家皆奉行民主主義。追溯這項理論的根源，便會找到傑瑞米・邊沁與約翰・史都華・彌爾這兩名人物。

邊沁為律師之子，就讀大學期間亦攻讀法律，並順利考取律師證照，但是他對這項工作不感興趣，從而選擇踏上制定法律之路，同時展開寫作活動。

在邊沁的成就中最常被強調的就是他所提出的「功利原則」。功利原則指的是「最大多數人的最大幸福才是善惡的判斷基準」，這裡所說的幸福是指快樂且沒有痛苦的狀態。

邊沁晚年的著作《憲法典》，則是他對關心政治改革的集大成之作，當時他已在書中提倡以平等選區、不記名投票、普選為骨幹的民主制度。

另一方面，彌爾則遵從熱衷教育的父親所提出的方針，注定成為一名學者。彌爾有不少著作被翻譯成中文版，諸如《論自由》、《女性的屈從地位》等等。他的一貫主張是，包含言論自由在內，個人的自由乃不可侵犯之物，他所倡導的男女平等參政的民主主義，也是源自他的根本思想。

關於幸福的格言「當個不滿足的人，好過當一隻滿足的豬」，便是出自彌爾。

Chapter

7

大英帝國的繁盛與衰退

1815年	投票表決通過保護英國農業的《穀物法》。
1818年	東印度公司將勢力擴展至印度全域。
	奧地利、普魯士、俄羅斯與英國、法國在亞琛會議上結成五國同盟。
1819年	維多利亞出生。
1820年	喬治三世駕崩，喬治四世即位。
1824年	第一次英緬戰爭開打。
1828年	日本發生西博爾德事件。
1830年	喬治四世駕崩，由弟弟威廉四世繼位。
	利物浦至曼徹斯特之間的鐵路開通。
1831年	達爾文所搭乘的小獵犬號出航。
1837年	威廉四世駕崩，維多利亞於18歲時即位。
	日本幕末時代發生大鹽平八郎之亂。
1838年	頒布《人民憲章》。
	第一次阿富汗戰爭開打。
1840年	發生鴉片戰爭。

時代背景與概要

英國是全球第一個進行工業革命的國家，因為快速成長而被稱為「世界工廠」，**東印度公司**已然無用武之地。成為近代貿易立國典範的英國，持續領先各國。

在運輸手段方面，除了水路與陸路外，亦開始利用鐵路。鐵路的商業營運始於1830年，之後在狂熱的投機風潮助長下，20年後英國全國的主要都市都已能透過鐵路連結。

而在製造產品的工廠勞動環境方面，雖曾頒布《工廠法》，但始終處於有名無實的狀態，直到1833年規定必須設立工廠監督人，才終於發揮實際作用。1844年首度規定安全對策，1847年則訂立《10小時法案》等，雖然進展速度不快，但是勞動環境確實逐漸獲得改善。與此同時，要求賦予勞工選舉權的**憲章運動**

KEY WORD

英國東印度公司

東印度公司為了獲取中國生產的茶葉而展開三角貿易，亦即惡名昭彰的鴉片貿易。然而，民間商人要求分一杯羹的聲浪日益高漲，1833年，英國遂廢止了東印度公司有關中國茶葉貿易的獨占權。

在鴉片戰爭中砲擊中國船隻的英國軍艦

維多利亞女王與阿爾伯特公爵結婚。

1841年 日本進行天保改革。

1842年 第一次阿富汗戰爭結束。爭取成年男子普選權的《人民憲章》請願書遭到議會否決。

1843年 納皮爾將軍於海德拉巴戰役中取得勝利，併吞巴基斯坦東南部。

1845年 第一次英國錫克戰爭開打。

1846年 廢除《穀物法》。

1847年 《工廠法》規定女性與兒童一天的勞動時間不得超過10小時。

1848年 第二次英國錫克戰爭開打。英國東印度公司將印度西北部的邊境地帶納入管轄。

1851年 第一屆世界博覽會開幕。

1853年 發生克里米亞戰爭，英國參戰。培里航抵日本浦賀。

1855年 英法與土耳其聯軍對塞瓦斯托波爾的俄羅斯黑海艦隊發動攻擊。

也如火如荼地展開。

然而，現實狀況往往沒有這麼順利，能讓英國永遠保持領先地位。從1879年至1896年，英國經歷了被稱為「大蕭條」的低成長期，在這段期間，美國與德國的工業化急速發展。接下來至19世紀末，俄羅斯、義大利、日本等國家也正式展開工業化，英國經濟的國際競爭力大幅度衰退，甚至已肩負不起「世界工廠」的名號。

同一時期，美國的橫貫大陸鐵路與埃及的蘇伊士運河開通（1869年），使得廉價農畜產品開始在全世界流通，英國的農業也因此受到嚴重的打擊。

按照常理來說，貿易赤字應該會飆升為天文數字，不過英國卻逃過一劫。因為英國還能靠著與遠東地區、印度、澳洲、土耳其的貿易黑字來填補。尤其是對印度的貿易，有一大半的盈餘都是透過強硬的手段所創造出來的。

儘管大環境如此，英國仍勉強維

KEY WORD

憲章運動

隨著人口往都市集中，人們開始產生權利意識，要求普選權的政治運動日益興盛，稱之為憲章運動。英國也因為這些請願聲浪，而從1832年起階段性地擴大選舉權。

憲章主義者的集會

1856年	**克里米亞戰爭結束。翌年簽訂講和條約。**
1857年	**爆發第二次鴉片戰爭。印度發生叛亂，歷時一年多才鎮壓下來。**
1861年	美國爆發南北戰爭。
1868年	日本展開明治維新。
1869年	蘇伊士運河開通。
1871年	德意志帝國成立。
1872年	日本新橋至橫濱間的鐵路開通。
1877年	**維多利亞女王獲得印度皇帝的稱號。**
1880年	**爆發第一次波耳戰爭。**
1885年	日本制定內閣制度。
1898年	中國發生戊戌政變。
1899年	**爆發第二次波耳戰爭。**
1901年	**維多利亞女王駕崩，愛德華七世即位。**
1902年	**波耳戰爭結束。**
1904年	**簽訂《英法協約》。**
1906年	**通過《勞資爭議法》，工會**

持著世界霸權。之所有還有辦法撐下去，是因為其國際收支的主軸已從進出口貿易轉為無形貿易的緣故。無形貿易包含了海運運費收入、貿易公司手續費、保險費、利息、紅利收入。也就是說，英國從「世界工廠」轉變為「世界銀行」，才得以在第一次世界大戰前夕，仍然保持世界經濟中心的地位。

除了經濟方面的因素，維多利亞女王與德國宰相俾斯麥也貢獻良多。維多利亞女王將女兒們嫁至德國、丹麥、俄羅斯等國的王室，架設起了無形的安全網。而俾斯麥則極欲孤立法國，同時為避免歐洲發生武力衝突，巧妙地運用了外交手段，對英國而言簡直是受惠無窮。

然而，俾斯麥這座靠山卻與新皇帝威廉二世不對盤，並在1890年3月遭到革職，導致英國的處境愈發惡化。

為了保衛廣大的海外殖民地，英國不得不負擔龐大的開銷，但是才剛

KEY WORD

印度叛亂

Sepoy是指受雇於東印度公司的印度傭兵。他們於1857年5月引發叛亂，曾一度占領北印度大半地區。然而不敵英國的反擊，於翌年6月遭到鎮壓。

對印度叛亂士兵展開反擊的英軍與印度兵

罷工權獲得承認。

1907年 簽訂《英俄協約》。紐西蘭成為大英國協一員。代表該國實質獨立。

1910年 愛德華七世駕崩，喬治五世即位。南非聯邦成為英國的自治領地，在這之後逐步制定《種族隔離法》。

1911年 德意志帝國派出砲艦，發生第二次摩洛哥危機。

1912年 鐵達尼號郵輪於北大西洋撞上冰山沉沒（當時為人類史上最大規模的海難事故）。中國清朝滅亡，中華民國成立。

平定**印度叛亂**沒多久，接著又發生殖民地人民要求自治權的運動，南非也爆發了荷蘭裔白人所引起的獨立戰爭（波耳戰爭）。

幾乎就在同一時期，德國正式展開擴大軍備與武力的行動。並試圖在1898年年底，由新任外交部長比洛在帝國議會的演說中揭曉。內容宣稱，德國將對以英國為中心的世界秩序提出異議，甚至不惜動用武力來重組秩序。

眼見德國陸海軍實力急速擴張，英國也不得不轉換外交方針，接著於1902年結成日英同盟、1904年締結《英法協約》、1907年簽訂《英俄協約》，結束了長久以來的「光榮孤立」政策。**鐵達尼號**沉沒事故就是在此一高度緊張的局勢下所發生的憾事。

KEY WORD

鐵達尼號

當時鐵達尼號為北大西洋航線的最新型汽船，於1912年4月10日從南安普敦港出發。在第五天深夜撞上冰山。

成為大英帝國沒落象徵的沉船事故。

維多利亞

君臨「日不落帝國」的女王

Victoria, Alexandrina

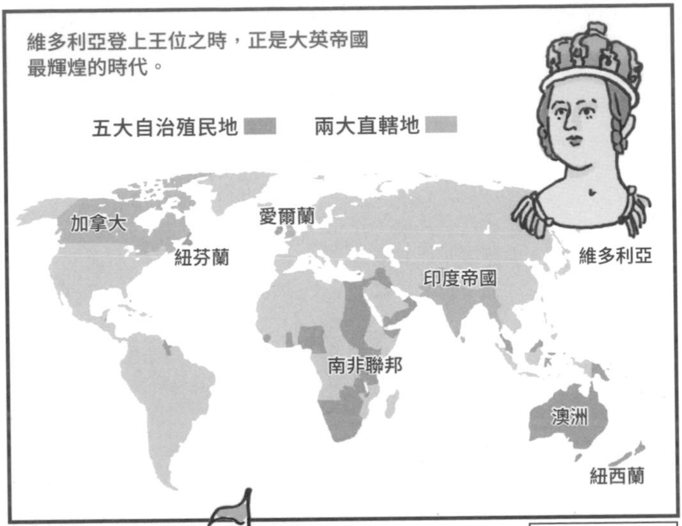
維多利亞登上王位之時，正是大英帝國最輝煌的時代。
五大自治殖民地
兩大直轄地
加拿大
愛爾蘭
紐芬蘭
維多利亞
印度帝國
南非聯邦
澳洲
紐西蘭

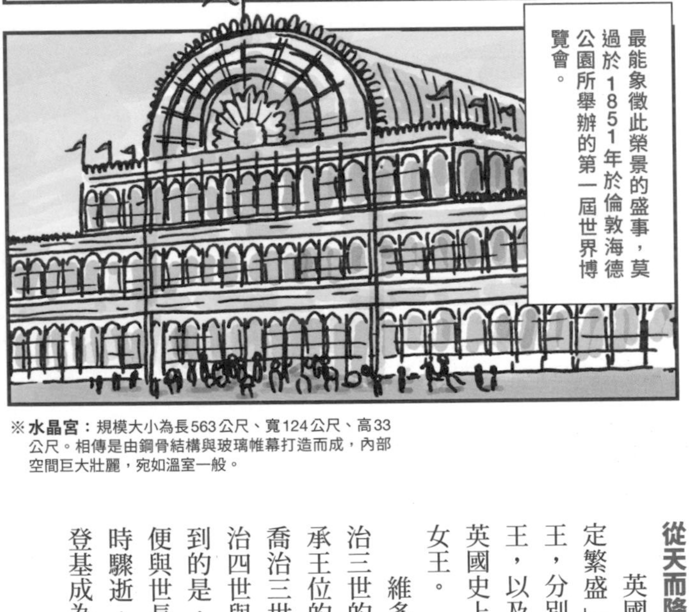
最能象徵此榮景的盛事，莫過於1851年於倫敦海德公園所舉辦的第一屆世界博覽會。

※**水晶宮**：規模大小為長563公尺、寬124公尺、高33公尺。相傳是由鋼骨結構與玻璃帷幕打造而成，內部空間巨大壯麗，宛如溫室一般。

●英國國王

生卒年 1819～1901年

出身 倫敦（ENG）

事蹟 在已步入軌道的兩黨制基礎下，開創繁盛的時代

從天而降的國王寶座

英國有句俗諺為「女王之代必定繁盛」。這裡指的是歷代三位女王，分別為伊莉莎白一世、安妮女王，以及統治長達63年，寫下當時英國史上最長在位紀錄的維多利亞女王。

維多利亞的父親肯特公爵是喬治三世的第四個兒子，因此由她繼承王位的可能性相當低。實際上，喬治三世過世後，陸續由其長子喬治四世與三男威廉四世繼位。沒想到的是，這兩位伯父均未留下子嗣便與世長辭，父親也在她8個月大時驟逝，因此維多利亞便在18歲時登基成為女王。

會場「水晶宮※」是總地板面積超過9公頃的廣大空間，來自世界各地的參展者在此進行各式各樣珍奇的展示。

維多利亞女王的家庭生活幸福美滿，也是她受到國民敬愛的原因之一。除了克盡身為女王的職責※外，她還生下9名子女，在家是位好太太、好媽媽。
次女：愛麗絲
（俄羅斯皇帝尼古拉二世的皇后之母）
長女：維多利亞
（德意志皇帝腓特烈三世的皇后）
丈夫：阿爾伯特※
長男：阿爾伯特・愛德華
（英國國王愛德華七世）
維多利亞女王晚年甚至被稱為「歐洲祖母」。然而在她死後，孫子們彼此鬥爭，進而演變成第一次世界大戰。

※**職責**：墨爾本子爵負責擔任女王的政治顧問，並與女王建立起良好的關係。議會對女王懷抱敬意，遇事時虛心請益，女王則會坦率地表明意見，但不會強迫議會接受。

※**阿爾伯特（1819～1861）**：薩克森-科堡-哥達公爵的次子，維多利亞的表弟。不握有政治實權，主要從事社會公益活動。有時也會在政治上提出個人建議供女王參考。

舉辦第一屆世界博覽會

那麼維多利亞女王的結婚對象是誰呢？此時不比伊莉莎白一世的時代，既不能堅持終生單身，也不好一直拖延婚事。維多利亞本身應該也很明白這一點，所以很快便決定了對象。此人為德國薩克森－科堡－哥達公爵的次子阿爾伯特，也是維多利亞的表弟。

女王的丈夫其實並不好當，但阿爾伯特卻相當稱職。維多利亞對夫婿的付出始終心懷感謝，只要是他想做的事，必定傾全力相助。最著名的例子就是1851年於倫敦舉辦的世界博覽會。

這是一場展現英國繁盛國力的世紀盛會，之後各國亦紛紛仿效。

引領維多利亞時代的議會政治的兩大巨頭

迪斯雷利 VS 格萊斯頓

Disraeli, Benjamin 1st Earl of Beaconsfield VS Gladstone, William Ewart

迪斯雷利

●政治家・小說家

生卒年 1804～1881年

出身 倫敦（ENG）

格萊斯頓

●政治家

生卒年 1809～1898年

出身 利物浦（ENG）

自由貿易主義或帝國主義的抉擇

19世紀後半，英國確立了由保守黨和自由黨形成的兩黨制。在這當中有兩名人物大放異彩。那就是自由黨的威廉・格萊斯頓與保守黨的班傑明・迪斯雷利。

格萊斯頓在議員生涯初期隸屬保守黨，後來加入自由黨，總計擔任過4次首相。

或許是從小受到身為貿易商的父親影響，格萊斯頓在經濟方面推展自由貿易，在外交方面則一貫主張和平主義。他對開發新殖民地與行使武力表明反對立場，不僅批評1840年開打的鴉片戰爭乃「不義又不人道的戰爭」，對1856年爆發的第二次鴉片戰爭亦提出嚴

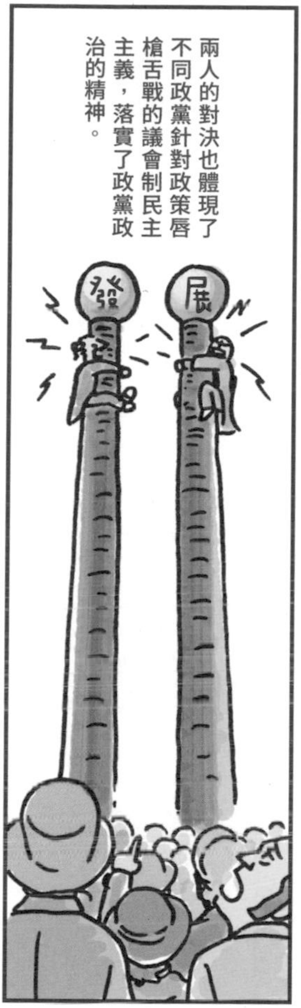
兩人的對決也體現了不同政黨針對政策唇槍舌戰的議會制民主主義，落實了政黨政治的精神。
發
展

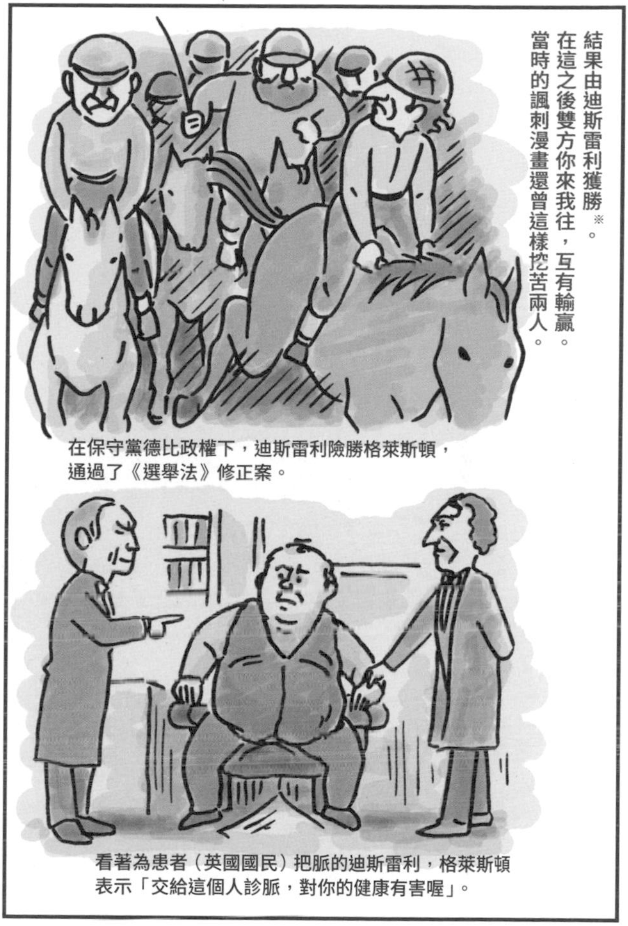
結果由迪斯雷利獲勝※。在這之後雙方你來我往，互有輸贏。當時的諷刺漫畫還曾這樣挖苦兩人。

在保守黨德比政權下，迪斯雷利險勝格萊斯頓，通過了《選舉法》修正案。

看著為患者（英國國民）把脈的迪斯雷利，格萊斯頓表示「交給這個人診脈，對你的健康有害喔」。

※ **獲勝**：這項法案讓絕大多數的都市勞工享有選舉權，選民人數增加超過100萬人。

厲的批判。

迪斯雷利為猶太人，13歲時改信英國國教，亦即所謂的猶太裔英國人。他在外交方面與格萊斯頓持反對意見，支持帝國主義並認同積極擴張殖民地與行使武力的政策。收購蘇伊士運河股份，以及創設印度帝國讓維多利亞女王成為皇帝也是帝國主義政策的一環。

在內政方面，迪斯雷利認為應該拉攏勞工階級，因此致力於推動修正《選舉法》，以及訂立《公共衛生法》、《勞工住宅法》、《工會法》等各項社會改革法案。

後續影響！

人民對選舉權的討論愈發熱烈，該項權利也不斷擴大

1918	限21歲以上男性、30歲以上女性
1928	女性年齡下修至21歲以上
1948	廢除複數投票制
1969	18歲以上所有男女

狄更斯

Dickens, Charles

與莎士比亞並列為英國兩大文學巨擘

狄更斯的作品充滿了對勞工與下層階級的關懷。
狄更斯
《孤雛淚》這部名著描寫的是在救濟院生活的孤兒奧利佛的成長故事。
請再多給我一點。
當時英國雖有《濟貧法》，但用意並非援助社會底層的人，而是將他們隔離在簡陋的設施裡，並剝奪其一切權利。批判此一現象是這部作品的主要精神。

●小說家
生卒年　1812～1870年
出　身　波特西島（ENG）
事　蹟　字裡行間充滿幽默，描寫人性善惡兩面

在逆境中養成上進心與勤勉態度

將貧困、悲慘的際遇化為力量而大有成就，但終其一生背負著精神上的創傷。查爾斯．狄更斯就是屬於這類型的人。

狄更斯的父親為下級官員，可能因為手足多達6人的緣故，家境十分清苦，身為長子的他在12歲時就不得不外出工作。雖然過沒多久便復學，但從學校畢業的同時也得正式踏入社會，狄更斯先是在法律事務所幫忙打雜跑腿，接著擔任速記員、報社記者，逐步提升自己的社會地位，而且只要一有時間，他就會在圖書館自學或是去欣賞戲劇演出。

喜愛發揮想像力與寫作的狄更

《聖誕頌歌》是描述守財奴史古基在聖誕夜，透過3個幽靈看到自身的過去、現在與未來，因而決定改過自新的故事。
豪華大餐耶！爸爸，這都是託史古基先生的福！
這孩子似乎活不久了。
……。
這部作品中有一個橋段是描寫史古基拒絕前來募款的窮人，甚至大言不慚地表示「多餘的人口不要也罷」。這也隱含了狄更斯對維多利亞時代富裕階層的批判。
狄更斯對於下層階級與兒童充滿關愛，同時也是深受喜愛的作家。
在他去世時，相傳有位男孩
所以聖誕老公公死了嗎？
如此詢問※母親：

※**詢問**：這則軼聞為精通英國歷史與文學的法國作家莫洛亞（André Maurois，1885～1967）所述。

斯，一心想成為小說家在文壇擁有一席之地。

透過作品讓聖誕節產生變化

1833年12月，狄更斯投稿的短篇小說被刊登在雜誌上，成為他的出道作。因而產生自信的狄更斯直到過世前始終筆耕不輟，持續推出了許多曠世傑作，如《聖誕頌歌》、《雙城記》、《遠大前程》等。

狄更斯每個時期的作品風格皆不同，然而寫實地描寫人性的陰暗面與社會病灶，以及字裡行間充滿機智得體的幽默感等則始終未變。這也是狄更斯的作品最具有魅力的地方。

後續影響！

狄更斯的名作《聖誕頌歌》，提升了人們對於博愛精神與慈善救濟的關心度。此外，這部作品還將聖誕節從大人的宗教儀式轉變為以兒童為中心的家庭活動。

南丁格爾

Nightingale, Florence

跳脫富裕優渥的環境，選擇走上為他人犧牲奉獻之路

我根據長期以來的經驗與科學分析，將護理工作的基本概念分成13項。
南丁格爾
《護理須知※》
首先最重要的是，保持環境清潔與溫暖，營造安穩舒適的空間。
環境
1. 通風與保溫
2. 良好的環境
3. 團隊合作（令病患感到安全安心）
4. 注意聲響
5. 變化（轉換心情）
烹調餐點時應該配合患者的症狀與身體狀況，力求營養均衡，方便進食。
食物
6. 餐點
7. 挑選食物的方法
床單與床鋪也必須讓患者感到舒適。
寢具
8. 床鋪與寢具

※《護理須知》：1859年發行。用意在於分享各種觀念供從事護理工作的女性參考。翌年所發行的改訂版廣被使用，成為歐美護理學校的教科書。

●護理師

生卒年 1820～1910年

出　身 翡冷翠（義大利）

事　蹟 在醫療現場鞠躬盡瘁，樹立護理人員的典範

想成為護理師的決心堅定不移

南丁格爾的雙親皆出身於上層階級。夫妻倆有錢又有閒，在周遊歐洲大陸，停留於義大利翡冷翠的期間生下南丁格爾，因此便決定以翡冷翠的英文名稱佛羅倫斯來為她取名。

出生於上流家庭的女孩，往往都是被捧在手掌心裡養大的，到了適婚年齡就嫁給門當戶對的對象，無須辛苦操勞，一輩子不愁吃穿。然而，南丁格爾卻因為偶然目睹了下層階級艱困的生活現狀，於是毅然決然選擇走上不同的道路，決定從事護理工作。

可想而知，此舉一定遭到家人的強烈反對，但她的決心絲毫沒有

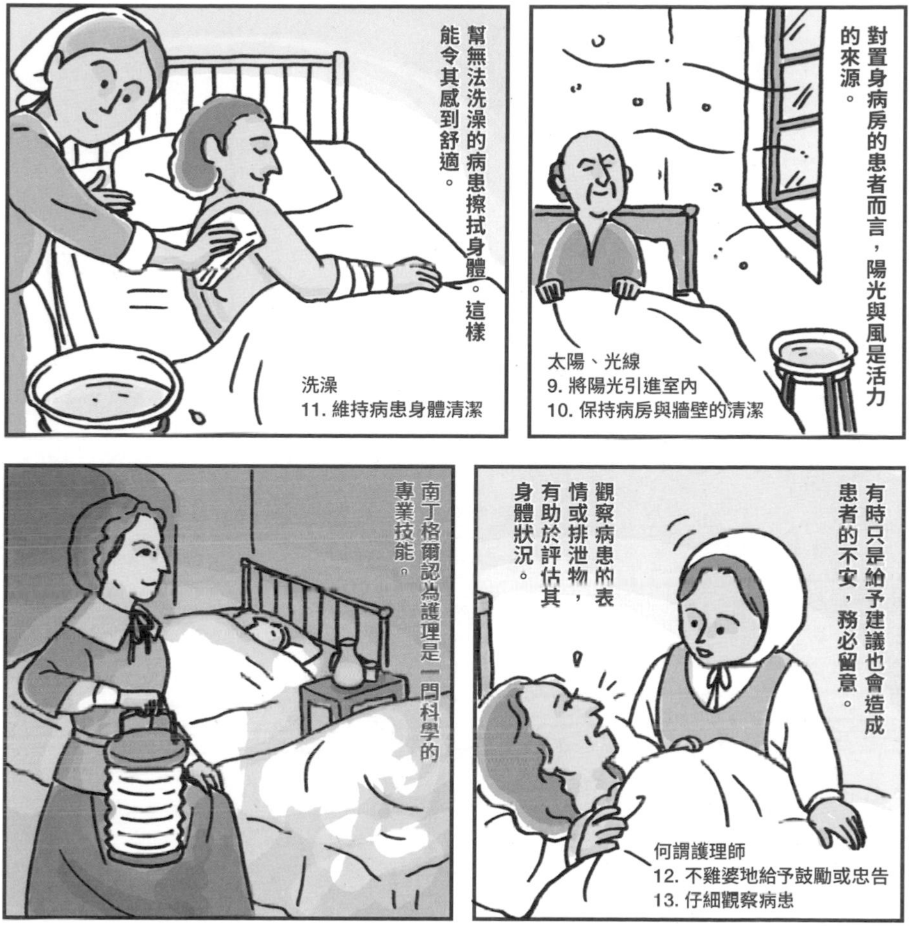
對置身病房的患者而言，陽光與風是活力的來源。
太陽、光線
9. 將陽光引進室內
10. 保持病房與牆壁的清潔
幫無法洗澡的病患擦拭身體。這樣能令其感到舒適。
洗澡
11. 維持病患身體清潔
有時只是給予建議也會造成患者的不安，務必留意。
觀察病患的表情或排泄物，有助於評估其身體狀況。
何謂護理師
12. 不雞婆地給予鼓勵或忠告
13. 仔細觀察病患
南丁格爾認為護理是一門科學的專業技能。

動搖。

180度改變世人對護理師的觀感

南丁格爾積極拓展人脈，以及學習護理必備的相關知識與技術。1853年爆發的克里米亞戰爭，讓她迎來人生最大的轉機。前線基地由於連番激烈交戰，傷兵人數暴增，因此央請南丁格爾前往支援。

於是南丁格爾便率領38名女性護理師趕赴前線戰地，她們不只照護傷兵，還著手改善野戰醫院與兵營的衛生狀態，因而大幅降低了死亡率。由於她的無私付出，世人看待護理師的目光也從否定一舉轉變為肯定。

後續影響！

瑞士人杜南（Jean Henri Dunant）繼承南丁格爾的奉獻精神，創辦了紅十字會。現在的紅十字會不僅從事戰場的醫療活動，還將業務擴展至災害救助、疾病預防等領域。

達爾文

Darwin, Charles Robert

惹怒教會，震撼世間的進化論提倡者

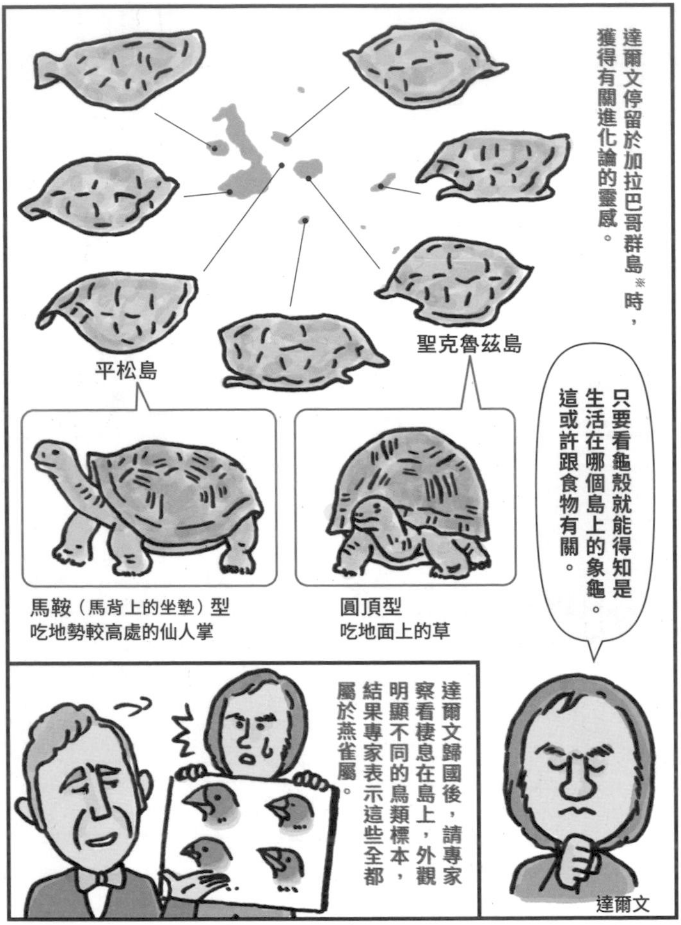

達爾文停留於加拉巴哥群島※時，獲得有關進化論的靈感。
聖克魯茲島
平松島
只要看龜殼就能得知是生活在哪個島上的象龜。這或許跟食物有關。
馬鞍（馬背上的坐墊）型
吃地勢較高處的仙人掌
圓頂型
吃地面上的草
達爾文
達爾文歸國後，請專家察看棲息在島上，外觀明顯不同的鳥類標本，結果專家表示這些全都屬於燕雀屬。

※**加拉巴哥群島**：位於距厄瓜多西岸約1000公里遠的西太平洋上，為火山群島。現為厄瓜多領土。

●自然科學家

生卒年 1809～1882年

出身 舒茲伯利（ENG）

事蹟 透過自然淘汰、生存競爭、適者生存的觀點建構進化論

驚奇連連的田調之旅

進化論的首位提倡者查爾斯・達爾文，他的祖父是一位特立獨行的博物學家，父親為收入優渥的醫師，母親則是出身於陶瓷名門瑋緻活（Wedgwood）家族。達爾文從小便十分熱愛採集昆蟲與狩獵，大學主修神學，同時亦攻讀植物學與地質學。

大學畢業後，因為受到海軍測量船小獵犬號的船長邀請，達爾文便在隨船出海的這6年間造訪南美大陸與南太平洋島嶼進行調查。

達爾文主要針對地質與動植物進行調查，最令他感興趣的是加拉巴哥群島的動植物。其中讓他印象最深刻的是，各島的鳥類外觀與生

※ **拉馬克（Lamarck，1744～1829）**：法國博物學家。於19世紀初葉提倡「用進廢退說」，主張生物在演化完成前會不斷進行構造上的改良。

態皆大不相同。

達爾文於1839年出版的著作中已經提及這趟航海的見聞。然而，他對於公開自身以博物學家觀點所導出的推論這件事相當慎重。因為他再清楚不過，要是否定上帝創造宇宙萬物的說法，一定會遭到教會與虔誠信徒的猛烈撻伐。

不過，事情終究起了變化。達爾文因為擔心與自己抱持相同觀點進行研究的華萊士（Alfred Russel Wallace）會搶先發表這些主張，因而急急忙忙提筆完成著作，並於1859年出版。這本書就是赫赫有名的《物種起源》。

後續影響！

因進化論的觀點而釐清了人類的演化過程

亞當與夏娃的神話

↓

- **1000萬年前～700萬年前**＝分支為黑猩猩的祖先與猿人
- **200萬年前**＝出現直立人
- **80萬年前**＝出現舊人
- **10幾萬年前**＝出現智人

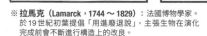

COLUMN

主動背負文明化使命的男人們

前往被稱為黑暗大陸的非洲偏遠地區探險

徹底杜絕奴隸貿易。要實現這個理想就必須改造當地居民，讓他們除了膚色之外，一切皆與白人相同。這是當時白人人道主義者最典型的想法。

19世紀中葉至20世紀初葉，列強於世界各地展開獲取殖民地的競爭。與此同時，探索地圖上未知之地的探險活動也相當盛行。為了將人類的足跡延伸至地球上的每一個角落，置生死於度外的男人們勇於冒險犯難，相繼前往沙漠或叢林深處一探究竟。英國也出現了多位探險家，其中因非洲探險而聞名的則是大衛．李文斯頓。

李文斯頓出身於蘇格蘭的貧窮勞工家庭。他的雙親為勤奮又虔誠的基督教徒，受此影響，他以醫師兼宣教師的身分，在非洲大陸南部地區展開活動。

李文斯頓立下了一個相當遠大的目標。那就是杜絕奴隸貿易。他認為要達到此一目標，促使當地居民改信基督教與文明化，以及建設通往英國的貿易航路乃不可或缺的條件，這也成為他的行動準則。這裡所說的文明化是指，從衣食住到教育、社會體制與政治制度全都以英國為範本進行改造之意。

李文斯頓將這項堅定的信念化為動力，只要聽說哪裡有人居住，不管什麼地方都會親自到訪。他也在這個

Stanley, Sir Henry Morton
史坦利
(1841～1904)
記者・探險家
Livingstone, David
李文斯頓
(1813～1873)
探險家・宣教師

過程中發現了位於波札那的恩加米湖（Lake Ngami），以及成功在尚比西河（Zambezi River）上游探險，因而一躍成為名人。但對他而言，這些只不過是附帶產生的名聲罷了。

而探險總是伴隨著各種危險。在1866年展開的尋找尼羅河水源的探險中，李文斯頓突然因病倒下，但是在英國本土卻將這件事報導成失蹤事故。

此時被緊急調派來參與搜索行動的是報社記者亨利·莫頓·史坦利。史坦利來自於威爾斯。他曾被育幼院收留，但在5歲時逃走。之後遠赴美國，被一位名叫史坦利的商人領養，因而冠上其姓氏。他曾參與過南北戰爭，戰後則成為報社記者，並以戰地記者之姿打響名號。

一般認為這兩人要活著遇見對方的機率應該很低，但該說是命運的安排嗎？1871年11月，史坦利在坦干伊喀湖（Lake Tanganyika）東岸的烏吉吉（Ujiji）找到了李文斯頓。他雖然相當虛弱，但並無性命大礙。

在這之後史坦利便啟程回國，但李文斯頓拒絕返回英國，在1873年於現在的尚比亞（Zambia）病逝。

李文斯頓所率領的探險隊員，有時還會在旅程中駕著牛車到處跑。

DATA

李文斯頓與史坦利的行經路線

李文斯頓
史坦利
尼羅河
烏吉吉
維多利亞湖
剛果河
坦干伊喀湖
尼亞薩湖
盧安達
尚比西河
克利馬內
維多利亞瀑布
開普敦

於維多利亞時代的科學史上留下偉大成就的男性們

法拉第&馬克士威&J・弗萊明

Faraday, Michael & Maxwell, James Clerk & Fleming, Sir John Ambrose

法拉第	●物理學家・化學家	生卒年 1791～1867年
馬克士威	●物理學家	生卒年 1831～1879年
J・弗萊明	●電機工程學家	生卒年 1849～1945年

令指導老師也忍不住嫉妒的天才

工業革命的發展更加帶動了科學技術的發達，許多定律與方程式也隨之問世。

這個時代的研究者首推麥可・法拉第。他曾經在裝訂廠當學徒，同時立志成為一名科學家，並在因緣際會下成為知名科學家漢弗里・戴維（Humphry Davy）的助手。

戴維日漸對法拉第的能力感到嫉妒，甚至採取完全敵視的態度，法拉第因此決定獨立。接下來他不斷進行各種實驗，在1833年發現日後被稱為「法拉第定律」的電解定律。法拉第在這之後仍持續進行研究，並導出了電磁場的概念。

提到建構電磁學基礎的偉大科學家，可不能漏掉我的恩師，馬克士威老師。
他以數學方式將法拉第老師的電磁場理論發揚光大，導出「馬克士威方程式※」。
要記住這個方程式，應該也很不容易。
J・C・馬克士威

在我們21世紀的生活中不可或缺的電子產品之所以能確實運作，都要歸功於這些英國研究者的各種發現。
手機
機車
IH爐
約翰・弗萊明
發明二極真空管（就是現在所說的二極體）
古列爾莫・馬可尼※
成功完成橫越大西洋的無線電通訊實驗

※**馬克士威方程式**：闡述產生電磁現象的基礎方程式。透過此方程式能解釋因電磁所產生的各種現象。

※**馬可尼（Guglielmo Marconi，1874～1937）**：義大利物理學家。應用赫茲接觸理論發明無線電通訊裝置。於1896年前往倫敦，在英國推動無線電實用化。

發明出電腦的基本元件

奠基於法拉第的研究，交出亮眼成果的是詹姆斯・克拉克・馬克士威。他在日後不但導出被命名為「馬克士威方程式」的電磁波基本方程式，甚至還正確推論出光波為電磁波的一種，除了光波之外還存在著電磁波。

在馬克士威所指導的學生中，也出現了一位在科學史上留名的人物。這位男子名叫約翰・弗萊明，他不只擔任大學教授，還身兼企業的技術顧問，而他最出名的研究成果就是確立了「弗萊明定則」。

最後再補充一點，真空管也是由弗萊明所發明的。這成為早期的無線電波收發器、電視、電腦的基本元件，進而帶動今日的電子產品發展。

COLUMN

挑戰尚未有人能征服的極地
將生命獻給南極探險的強者

成為史上第一位登陸南極點的人。這不是想賺錢或是出人頭地，純粹只是為了國家與自身的榮譽。勇於挑戰這項生還率超低的冒險的英國人，成為舉國上下讚譽的英雄。

第一個抵達人類未曾踏足之地的會是誰？又是哪個國家的探險隊呢？賭上國家威信的競爭正如火如荼地展開，而挪威的阿蒙森隊與英國的史考特隊則為了搶先對方抵達南極點，展開激烈的較勁。

率領史考特隊的羅伯特．史考特出生於釀酒世家，在父親的強制安排下成為海軍士官。雖然被選為南極探險隊的隊長，但在執行首次任務時罹患壞血病與凍傷，只好中途斷念。但一回到英國便立即晉升為上校，被捧為英雄。

來自愛爾蘭的歐內斯特．沙克爾頓也參與了最初的這趟探險任務，但因為凍傷情況嚴重，早早便被遣送回家。這件事或許令他深感懊悔，數年後，他親自組成探險隊，試圖抵達南極點。結果雖然功虧一簣，但他的這項行動令史考特大受刺激，促使其再度進行挑戰。

從海軍退役的史考特開始籌募資金，達到足夠金額後隨即啟程前往南極大陸。1911年11月1日，從羅斯島（Ross Island）科學基地出發的史考特隊，為了不被阿蒙森隊捷足先

DATA　阿蒙森隊與史考特隊的行經路線

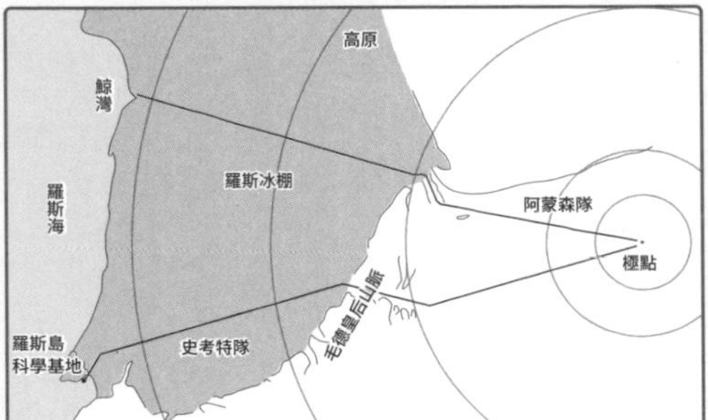
高原
鯨灣
羅斯冰棚
羅斯海
阿蒙森隊
極點
毛德皇后山脈
羅斯島
科學基地
史考特隊

Shackleton, Sir Ernest Henry
沙克爾頓
（1874～1922）
軍人・探險家
Scott, Robert Falcon
史考特
（1868～1912）
軍人・探險家

登，一行人加快速度趕往南極點。

由於曾有過一次失敗的經驗，在裝備方面應該做足了萬全的準備。然而，愈來愈接近南極點時才接二連三地發現各種失算。原本規劃作為運輸工具的馬匹與機械全派不上用場，只得多增加一位預定外的人手，如此一來恐怕會面臨糧食不足的危機。

史考特隊所準備的糧食皆為易於保存、方便攜帶之物。最能快速補充熱量的就是肉糜餅（pemmican），這種美國原住民隨身攜帶的乾糧是以肉乾、蔬菜、調味料、豬油與油脂等製作而成。然而，史考特隊卻連這項食物都快告罄。

翌年1月18日，當史考特隊抵達南極點時，才發現那裡早已插上挪威的國旗。垂頭喪氣的隊員們腳步沉重地踏上歸途，卻遇上暴風雪。氣力、體力皆已耗盡的史考特隊就這樣全數罹難。

探險隊帆船會順著浮冰裂縫前進，但有時也會受困其中動彈不得。

潘克斯特

Pankhurst, Emmeline

畢生為女性權益犧牲奉獻，爭取與男性同等的參政權

婦女社會政治聯盟（WSPU。俗稱suffragette）
展開激進運動的這群女性，有別於穩健路線的suffragist※（婦女參政運動者），而被稱為suffragette（激進婦女參政運動者）。
女性應有投票權！
艾米琳．潘克斯特
潘克斯特的長女 克莉絲特伯
次女．施薇亞
艾米莉．戴維森

她們所發起的運動受到警察嚴格取締。
每當遭到逮捕、拘留時，她們便會透過絕食來表達抗議，並贈予絕食抗議者獎牌。
這是為了爭取我們應得權利的戰爭。

※ suffragist：婦女參政運動者。主張應透過合法手段獲取權利的人們。

●婦女參政運動家

生卒年　1858～1928年

出　身　曼徹斯特（ENG）

事　蹟　要求賦予女性參政權，展開激進的運動

為爭取更多的女性權利而奔走

英國直到19世紀末曾三度修正《選舉法》，人民的選舉權也因此不斷擴大。年滿30歲，在選舉區內居住滿一定期間的男性皆擁有這項權利。

話雖如此，選民的比率仍然停留在總人口的16%。政府完全不願賦予女性選舉權的態度，也令不少人愈發感到不滿。在這當中，知名度最高的活動家則為艾米琳．潘克斯特。

婦女參政運動分為兩大派，一是由全國婦女選舉權協會所主導的穩健路線，另一則是由婦女社會政治聯盟所主導的激進路線，潘克斯特為後者的領導人。

※ **正反兩面看法**：在適逢事故100週年的2013年德比賽馬活動上，將艾米莉·戴維森形容為「為柴契爾登場鋪路的女性」。

女性雖被賦予地方政府與教育委員會的選舉權，但潘克斯特並不為此感到滿足，不斷要求政府讓女性享有與男性同等的權利。

儘管再三提出請願，事情卻遲遲沒有進展。潘克斯特等激進分子遂在自由黨的黨大會引發騷動，接著不斷採取各種偏激行為，像是將身體綁在首相官邸的鐵欄杆上、投石放火之類的破壞行為、整個人撲向國王名下的競賽馬、企圖自殺等等。潘克斯特本身也因為教唆炸毀財政大臣官邸之罪而被判刑。

後續影響！

女性參與政治的機會增加，女性參政權亦不斷地擴大

1918	限30歲以上女性
1928	限21歲以上女性
1969	年滿18歲男女
1979	柴契爾政權成立

COLUMN

為了守護無可取代的資產
國民信託的理念與文化環境

眼看環境破壞的速度急遽加快，基於憂心，而催生出了環境保護的概念。雖說追求經濟成長勢必得付出代價，但許多人亦認為，有些事物仍需要加以保護。

領先全球歷經工業革命洗禮的英國，隨著工業化發展，亦成為全球最早體驗到環境破壞現象的國家，因此展開環境保護活動的時間也很早。美術工藝運動的創始人威廉．莫里斯等人或許可謂先驅。

莫里斯相當厭惡大量生產的粗糙產品，提倡回歸手工業與共同作業的方式。他在1877年成立了古建築保護協會，並從此時開始醉心於社會主義。

這部分就略過不談，莫里斯生前所住的別墅被命名為凱爾姆斯科特莊園（Kelmscott Manor）並對外開放，可以從中窺見他心目中的理想世界。

提到英國的環境保護，就會令人想到知名的國民信託組織（National Trust）。該組織是在1895年為了保護自然景觀與保存史蹟所成立的非營利法人，並且根據1907年通過的《國民信託法》，在法律上享有各種特權。此外，無力負擔稅金的持有人，若將歷史建築物或是自然景觀豐富的土地捐給國民信託時，按照法律規定，不但得以免除遺產稅，當事人乃至其後代子孫皆能持續住在該地，

Morris, William
莫里斯
(1834～1896)
詩人．工藝家．社會改革家

Potter, Beatrix
波特
(1866～1943)
童書作家

也因而提升了全體英國人的環境保護意識。

在享譽全球的名人當中，也有立下遺囑將住家與土地贈與國民信託的例子。以兔子為主角的《小兔彼得的故事》作者碧雅翠絲·波特即為其中一人。

波特出生於倫敦，但熱愛湖區的好山好水。當溫德米爾湖的湖畔地帶面臨開發危機時，她便出售自身所畫的彩色素描來籌措費用，成功終止了該項計畫。

波特在農場經營與不動產管理方面擁有出色的能力，很早便與國民信託建立良好的關係。她在湖區的丘頂（Hill Top）農莊走完人生最後一段路，現在她的故居則開放給觀光客參觀，造訪該地必定能充分感受到舊日風情。

莫里斯的園藝與設計風格皆以與自然融合為主題。

湖區現為英國國內規模最大的國立公園，擁有英格蘭數一數二的壯麗景觀。

王爾德

獨鍾虛幻的描寫手法與優雅文體的文學界巨擘

Wilde, Oscar Fingal O'Flahertie Wills

母親可能是很想要女兒吧，所以把年幼的我打扮成這副樣子。
王爾德以第一名的成績自牛津大學畢業。他藉由奇特的服裝、不羈的言行、卓越的文學作品來展現才能而備受矚目。
但我不認為我的穿著是受母親影響。畢竟我是依自由意志來挑選衣服，走出自己的人生。
王爾德

●作家

生卒年 1854～1900年

出　身 都柏林（愛爾蘭）

事　蹟 寫下世紀末文學代表傑作《莎樂美》

對美的追求也曾引來訕笑

高學歷的英國人，理當能背誦出莎士比亞與這位作家的作品。這個比喻雖然極端，但也說明了王爾德在英國文學史上的地位有多高。

王爾德為詩人、小說家以及劇作家，徹底奉行以美為最優先考量的唯美主義、耽美主義。無須藉由作品闡述任何道理，只管追求文體與內容之美，世紀末所興起的這種反社會的頹廢美風潮，與王爾德的風格非常契合。

由於王爾德在日常生活中也很追求美，因此他在社交界雖然人氣非常旺，但同時也成為人們嘲笑的對象。

王爾德曾結婚生下2名孩子，但在32歲時對小他15歲的白皙大學生羅斯一見鍾情。5年後他結識了21歲的道格拉斯※，對其傾心不已。
道格拉斯
道格拉斯的父親昆斯伯里公爵為了搶回兒子而展開行動。
該死的惡魔！
王爾德則對其提出告訴，但在法庭上反而因為「強行對同性進行猥褻行為」而遭到問罪。
道格拉斯在詩中提到「無法說出口的愛」是指什麼？
在過往的藝術作品中成為關鍵因素的偉大之愛。
雖然在本世紀完全無法獲得世人理解，但這份愛今後也不會斷絕，將不斷反覆地在人類之間上演。
王爾德被判有罪。一般咸認這也是第一樁同性戀被問罪的審判※案件。

※ **道格拉斯**（**Alfred Douglas，1870～1945**）：作家、詩人。王爾德以法語寫下《莎樂美》，再由道格拉斯翻譯成英文。

※ **審判**：因同性戀罪而被判刑2年。當時堂而皇之地主張這段戀情的正當性與美學的王爾德，他的言論也對日後的性少數族群（LGBT）運動帶來影響。

描寫妖豔美女的功力為天下第一

王爾德的小說《格雷的畫像》與童話《快樂王子》等都很有名，不過最能發揮其才華的則是戲劇作品，其中最著名的代表作就是《莎樂美》。

這部作品是以《新約聖經》中施洗約翰的殉教作為題材。故事描述莎樂美在希律王的生日會上展現曼妙的舞姿為其祝壽，希律王為了獎賞她，答應她將身陷囹圄的約翰的人頭砍下並即刻送到她的面前，莎樂美對著首級獻上一吻。內容描寫可說徹底展現了王爾德出神入化的唯美主義風格。

後續影響！

唯美主義作品成為反近代樂觀進步主義的象徵，並對社會帶來影響。日本則有谷崎潤一郎、永井荷風、三島由紀夫等人承襲此風格。

COLUMN

走在時代尖端的一眾天才

改變世人戀愛觀的女性作家

在當時的時代背景下，有學識修養的女性頂多只能找到家庭教師這類的工作。然而，有幸獲得家人的援助，決定以作家身分立足的女性開始嶄露頭角，其中亦不乏與戀人私奔或支持同性戀者。

擁有固定職業的女性會因為其功績而在歷史上留名。成為開路先鋒的是珍・奧斯汀、勃朗特三姊妹與維吉尼亞・吳爾芙這些女性作家。

珍・奧斯汀為牧師之女，出生於英格蘭南部的漢普郡（Hampshire），20歲過後正式開始寫小說。

《傲慢與偏見》、《諾桑覺寺》皆為珍・奧斯汀之作，雖然生平著作不多，僅有6部，但她以機智幽默的筆觸融合細膩的人物描寫，講述鄉鎮地主之女與合適對象結婚前的生活點滴，該描寫手法為小說樹立了新典範而獲得極高的評價。

接下來是勃朗特三姊妹。她們亦為牧師之女，在約克郡的貧窮鄉村長大，三人的名字分別是夏綠蒂、艾蜜莉、安妮。

三姊妹長大成人之後各自取了筆名，不斷向出版社投稿。

之所以使用筆名，是因為三人沒有把握出版社或讀者得知作者為女性時會有什麼反應。

皇天不負苦心人，艾蜜莉的《咆哮山莊》以及安妮的《艾格妮絲・格

這些女性作家皆在作品中描寫靠著自身力量，戰勝命運的年輕女性。

Woolf, Adeline Virginia
吳爾芙
(1882～1941)
小說家・評論家
Brontë sisters
勃朗特三姊妹
夏綠蒂（1816～1855）
艾蜜莉（1818～1848）
安妮（1820～1849）
詩人・小說家
Austen, Jane
珍・奧斯汀
(1775～1817)
小說家

雷》終於獲得出版機會，但銷量卻相當慘澹。

她們仍舊不氣餒地再接再厲，後來夏綠蒂因《簡愛》一書引爆超高人氣，當她出身貧寒農村的實情曝光之後，世人馬上把她捧為明日之星。三姊妹之前的顧慮完全是多餘的。

這部作品講述一名聰慧卻不幸的少女自立自強，努力開創出屬於自己一片天的故事。不過日後獲得最高評價的是《咆哮山莊》，這是以荒涼的丘陵地為背景，描寫被收養的棄嬰長大成人後，與收養他的地主女兒之間充滿波折又熾熱的愛情。以出版當時的道德觀來看，也難怪這部作品無法為世人所接受。

第三位是吳爾芙。她乃文學家之女，長大後在劍橋大學校友組成的知識分子社團擔任總召，同時進行寫作活動。

雖然罹患精神官能症，但她仍然是實力一流的小說家，在描寫人的內心世界方面，無人能出其右。無論是以360歲的雙性人為主角的《歐蘭朵》、描寫女同志的短篇作品，抑或批判父權體制與法西斯主義的散文集《三枚金幣》，都可從字裡行間感受到她高超的寫作功力。

DATA

其他英國女性作家的名著小說

- 《拉克倫特堡》（1800）埃奇沃思
- 《科學怪人》（1818）雪萊
- 《瑪麗・巴頓》（1848）蓋斯凱爾
- 《米德爾馬契》（1872）艾略特
- 《花園派對》（1922）曼斯菲爾德
- 《羅傑・艾克洛命案》（1926）克莉絲蒂
- 《歡樂滿人間》（1934）崔佛斯

道爾
Doyle, Sir Arthur Conan

創作出在百年後的21世紀依然活躍的名偵探

夏洛克．福爾摩斯系列作品，有許多令人印象深刻的經典台詞。
《紅髮俱樂部》——有著一頭宛如烈火般鮮豔紅髮的委託人，娓娓道出自身所遭遇的奇怪體驗，福爾摩斯則從中拆穿事件背後的犯罪行為。
事件所呈現的表象愈是奇特，本質就愈單純。就如同愈是平凡的長相愈令人難以辨識般，常見的犯罪才真正棘手。
福爾摩斯

《綠玉皇冠之謎》——委託人負責保管某位權貴人士所託付的皇冠，但皇冠上的綠柱石卻遭竊。福爾摩斯則找出了事件意外的真相。
如果其他的可能性全都被推翻的話，那麼不管最後的結果有多令人難以置信，也都代表事實。

●小說家

生卒年 1859～1930年

出身 愛丁堡（SCO）

事蹟 發表了以神探夏洛克．福爾摩斯為主角的系列小說，深獲好評

任何事都逃不過其法眼的名偵探

亞瑟．柯南．道爾在大學主修醫學。畢業後他開了一家診所，但不知何故，完全沒有病患上門。閒來無事的道爾便開始寫小說打發時間。初期是以充滿冒險和幻想色彩的歷史小說為主，偶爾才插花寫一下推理小說。

道爾出版了幾本歷史小說，以及以夏洛克．福爾摩斯為主角的2部長篇作品，但皆未如預期引起迴響。在這當中，只有一位編輯注意到福爾摩斯的故事，並請道爾再寫一部短篇作品。《波希米亞醜聞》便因此誕生，而且大獲好評，道爾也陸續寫下福爾摩斯的辦案故事。

從一般人完全不會留意到的蛛

《四個神祕的簽名》——福爾摩斯與華生跟著委託人去見一名神祕人物，繼而開始追查被駐印英軍偷偷帶走的財寶下落。
The sign of four
事件雖已等同解決，但切忌因過度自信而招致失敗。

綜觀下來，發揮敏銳的觀察力與豐富的知識來做出假設，排除所有的先入之見，合理又嚴謹地進行思考，或許可說是福爾摩斯的特色。
道爾

不過，我可沒有福爾摩斯那樣的推理能力喔。

絲馬跡中，看出委託人的職業與個性，有時甚至還能料中即將發生的犯行以及真凶。道爾筆下的私家偵探夏洛克・福爾摩斯正是擁有這身本事的男人。

相傳福爾摩斯的推理能力，是道爾參考大學時代的恩師所塑造出來的。他可以僅憑傷勢或病況就能說中患者的職業或經歷。

福爾摩斯雖然是虛構的人物，但從作品開始連載後，便被當成實際存在的偉人。小說中所設定的福爾摩斯事務所兼住家所在地的貝克街221B，現在已被打造成博物館，吸引大批觀光客前來參觀。

後續影響！

福爾摩斯系列成為全球推理小說的源流

- 大偵探白羅 by 阿嘉莎・克莉絲蒂
- 名偵探菲洛・凡斯 by S・S・范・達因
- 《半七捕物帳》 by 岡本綺堂

等等

附帶一提，英國還推出了將原著故事背景搬到21世紀的電視劇《新世紀福爾摩斯》（2010年起於BBC播出）。

COLUMN

社會改革家與費邊社

對貧富分化社會提出異議的人們

Webb, Sidney James, Baron Passfield & Webb, Beatrice Potter

韋伯夫婦

西德尼（1859～1947）｜碧翠絲（1858～1943）

社會改革家

Shaw, George Bernard

蕭伯納（1856～1950）

劇作家

隨著工業革命的發展，英國社會的貧富差距愈來愈明顯，也讓許多人站出來以各種方式提出質疑或做出反抗。社會主義思想即屬於後者。

社會主義還可細分為各種流派，而劇作家喬治・伯納德・蕭則被定位為穩健派。強力抨擊貧民窟住宅亂象的《鰥夫的房產》，以及諷刺階級社會的《窈窕淑女》等作品皆出自其筆下，而且筆鋒一貫犀利，終生未衰。

蕭伯納同時也是費邊社（Fabian Society）社員。費邊社是在1884年成立的社會主義團體，其名稱是來自古羅馬名將費邊（Fabius）。

費邊社不談好高騖遠的目標，而是著重在如何實現。他們持續採取的戰術是，與既存政黨中對社會改革持積極態度的人合作，並因而累積了相當的成果。

提到費邊社，還必須再介紹2名人物。那就是西德尼・韋伯與碧翠絲・韋伯這對夫妻檔。

兩人除了設立社會改革家培訓學院，對於打造福利國家大有貢獻外，更是協助工黨轉變為全國性政黨的兩大推手。

費邊社展開的是具有戰術性的運動。其社徽為披著羊皮的狼。

Chapter

8

兩次世界大戰與21世紀的英國

年份	事件
1914年	**第一次世界大戰爆發，英國亦參戰。**
	英國遠征軍於比利時蒙斯首度與德軍交戰。
1915年	**德國飛船首度轟炸倫敦。**
1916年	**於法國索姆河區域發動全面攻擊。英軍一天有將近2萬人陣亡。**
	勞合・喬治成為首相。
1917年	發生俄國革命。
1918年	**30歲以上的女性皆享有選舉權。**
	第一次世界大戰結束。
1919年	簽訂《凡爾賽條約》。
	爆發愛爾蘭獨立戰爭，3年後以獨立國家之姿成立的愛爾蘭自由邦選擇與北愛爾蘭分離。
1923年	日本發生關東大地震。
1924年	**麥克唐納組成第一屆工黨政府。**
1926年	**英國各地展開大罷工。**
1929年	紐約股市暴跌。
1930年	**經濟危機愈演愈烈，英國國內超過250萬人失業。**

時代背景與概要

英國國內規模最大的獨立電視台ITV所拍攝製作的電視影集《唐頓莊園》（Downton Abbey），在世界各國廣獲好評。該劇於日本的Star Channel播出時，副標為「貴族、家僕與繼承人」；於NHK綜合台播映時，副標則是「華麗的英國貴族宅邸」。

從這兩個副標題便能推測，這部電視劇是以唐頓莊園這個虛構的貴族宅邸為背景的故事，主角群則是貴為伯爵的豪宅主人與僕人們。

第一季的第一集是從收到鐵達尼號沉沒的消息揭開序幕。

最後一集是以收到**第一次世界大戰**爆發的通知結尾，第二季為大戰開打至大戰甫落幕，第三季則是描寫兩次大戰期間的故事，此時期正是英國貴族急速沒落的階段，而且還與英國

KEY WORD

第一次世界大戰

第一次世界大戰的西方戰線曾經爆發2次激戰，第一次是在1914年8月，法軍於馬恩河畔擊退進逼的德軍。第二次則發生於1918年3月至5月，英法軍隊在索姆河畔遭德軍擊敗。

展開塹壕戰的西方戰線

1931年 聯合政府成立。
印度獨立運動領袖甘地訪問英國，出席圓桌會議。

1939年 愛德華八世為了迎娶離過婚的女性而退位。

1937年 東亞發生中日戰爭。

1938年 根據《慕尼黑協定》，規避了與德國的戰爭。

1939年 對德國宣戰。
第二次世界大戰開打。

1940年 邱吉爾就任首相，組成聯合內閣。
英國遠征軍從敦克爾克撤回英國。
德國空軍在英國都市展開夜間轟炸。

1941年 日本開啟太平洋戰爭。

1944年 同盟國軍隊進攻諾曼第。

1945年 德國投降。
邱吉爾於大選中落敗。
日本無條件投降。

1947年 承認印度與巴基斯坦獨立。

1950年 英軍出兵參與韓戰。

1953年 伊莉莎白二世即位。

國力的衰退期互相重疊。

儘管國力遠不及全盛時期，但直到第一次世界大戰前夕，英國仍是國際金融中心，英鎊仍是最強的國際貨幣，這些都是無法撼動的事實。

此外，與英國只有一水之隔的愛爾蘭，**獨立運動**日益盛行。雖說和全盛時期相比，國土有所減少，但是在1910年時，英國仍然保有廣大的領土。

換句話說，直到第一次世界大戰前夕，因為擁有廣大的殖民地與自治領地，英國遂得以靠英鎊這個國際貨幣稱霸世界。

也就是說，如果英國本土與殖民地、自治領地的聯絡管道被切斷，或是世界經濟體制失序，英國將無可避免地遭受嚴重打擊。而在世界大戰爆發後，這項隱憂便轉為現實。

附帶一提，由於英國在第一次世界大戰中與德國變成敵對關係，於是遂將漢諾威王朝改名為英式風格的溫莎王朝。

而英國雖然為戰勝國，但在第一

KEY WORD

愛爾蘭獨立運動

因民族運動愈演愈烈，1922年12月，除了東北部6郡外，英國承認愛爾蘭以愛爾蘭自由邦之名，作為其自治領地獨立。

於1916年復活節發動起義的義勇軍

1956年	**發生蘇伊士運河危機。英國與法國、以色列三國聯手與埃及對戰。**
1962年	發生古巴飛彈危機。
1972年	**北愛爾蘭問題激化。英國加入EEC。**
1975年	**年通膨率飆升，高達26%。**
1979年	**柴契爾夫人就任成為英國第一位女性首相。**
1982年	**發生福克蘭群島戰爭，英軍與阿根廷軍交戰。**
1989年	柏林圍牆倒塌，東西冷戰結束。
1990年	**柴契爾夫人下台。**
1991年	以美國為中心所組成的多國部隊空襲伊拉克，爆發波斯灣戰爭。南斯拉夫內戰。蘇聯解體。
1993年	《馬斯垂克條約》生效，EU（歐洲聯盟）成立。
1994年	**英法海底隧道開通。**
1997年	**布萊爾就任首相。**
1999年	**自治權下放，成立蘇格蘭議**

次世界大戰中，其人員、物資皆損失慘重。出自「貴族義務」這項傳統，身分地位愈高的上層階級，死亡率就愈高，這也可說是英國的一項特徵。

此外，相較於第一次世界大戰前夕，英鎊的購買力下跌超過一半，無論是否參戰，全體國民皆遭受波及。

有鑑於這樣的現實狀況，幾乎所有的英國政治家都不希望再次發生世界大戰。另一方面，為了對抗共產主義，英國持續對納粹德國採取姑息政策，但歷史已經證明了這並非明智的選擇。

第二次世界大戰時，倫敦遭到猛烈的空襲。如果美國再晚一點參戰的話，難保英國本土不會淪為戰場。

第二次世界大戰後，英國無論在軍事還是經濟方面，都只剩下追隨美國一途。

換個溫和一點的說法，或許該說是步調一致吧。

隨著**印度獨立**，失去一大半殖民地的英國已經不再是大英帝國，而是

KEY WORD

印度獨立

若使用武力對抗，根本不可能打贏擁有壓倒性軍事力量的英國，假如真的這麼做，只會造成無數民眾傷亡。深諳此道理的甘地，遂對英國展開非暴力、不服從運動，並於1947年贏得印度獨立。

呼籲以紡紗來抵制英國商品的甘地

會。

2003年　支持美國入侵伊拉克，派軍參戰。

2005年　倫敦發生自殺式恐怖攻擊事件，死者超過50人。

2007年　布朗就任首相。

2010年　卡麥隆就任首相。

2011年　日本發生大規模災害「東日本大震災」（311大地震）。

2012年　倫敦奧運開幕。

2014年　蘇格蘭獨立公投決定繼續留在英國。

以島國之姿重新為世人所認識。由於不像美國擁有巨大的國內市場，因此產生了將歐洲統合為一大市場的必要性。亦即**EU**的誕生。

在日本國內蔚為話題的，皆不脫王室、足球和音樂，令人不勝唏噓。

進入21世紀後，跟英國有關的報導不外乎它和美國站在同一陣線參與了伊拉克戰爭、以北大西洋公約組織（NATO）成員國的身分介入利比亞內戰、威廉王子結婚及小王子和小公主的誕生、倫敦奧運、蘇格蘭獨立運動、移民問題等。

蘇格蘭獨立運動今後有可能再次捲土重來。如果能在經濟方面取得背書保證，贊成獨立者甚至可能會超過半數。

KEY WORD

EU

歐洲沒有任何一個國家能與美國的人口相抗衡。既然如此，不如大家一起組成巨大市場來與其互別苗頭，於是歐洲聯盟便應運而生。

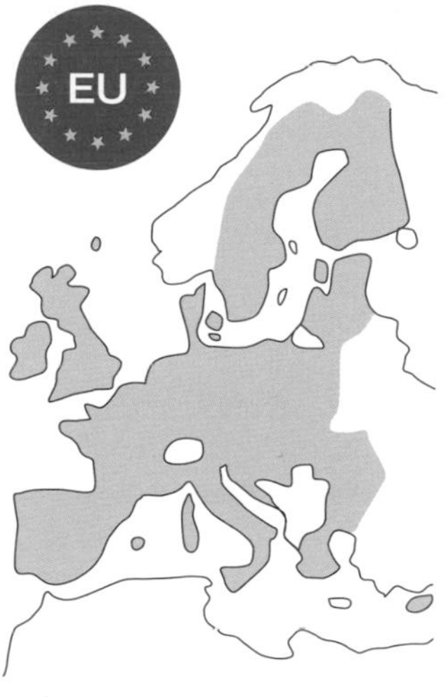

主張共榮共存，追求和平與安定的EU

勞合・喬治

Lloyd George, David, 1st Earl of Dwyfor

為因應大眾社會的到來與國際情勢的變化而推動各項改革

1909年，勞合・喬治針對「人民預算※」說明增稅的必要性。
這算是一種「戰爭」預算。
這筆預算是為了籌措「撲滅貧困的戰爭」而列的！
勞合・喬治
他找出英國在國內外所面臨的敵人。
因此在建造軍艦的同時，亦緊鑼密鼓地執行打倒貧窮的社會政策。
在大正至昭和年間，數度撰文探討貧富差距的河上肇※，在其暢銷作《貧乏物語》中對同時代的勞合・喬治讚不絕口。

※**人民預算**：為了同時確保與德國作戰所需的海軍費用，以及勞工階級的社會保險費，擬定對地主階級名下的土地大幅課稅的法案。

●政治家

生卒年 1863～1945年

出　身 曼徹斯特（ENG）

事　蹟 進行稅制改革、議會改革。為現代福利國家奠定基礎

不具任何傳統菁英要素的政治家

父親為威爾斯出身，本人雖是新教徒，卻信奉有別於英國國教的唯一神教派，不曾上過大學，卻透過在律師事務所工作而熟知法律。以如此獨特的背景進出政壇，成為特立獨行的自由黨議員，並以自由貿易主義與不被既得利益綁架的公正無私的政治為信念，這位人物就是大衛・勞合・喬治。

勞合・喬治於1905年首次入閣擔任商務大臣，歷經財政大臣與軍需大臣等職務後，1916年終於登上首相大位。不過若從革新者這點來看，最能讓他大展長才的其實是在財政部的時代。

※**河上肇**（1879～1946）：經濟學家、社會思想家。致力研究與介紹馬克思經濟學。對日本初期的共產主義運動帶來影響。

毅然執行稅制與議會制度改革

勞合・喬治前往視察已成長為英國勁敵的德國後，深切感受到充實軍事實力與福利制度的必要性。為了確保這兩項預算，在改革稅制的同時，還必須進行議會改革，將貴族的大本營，也就是貴族院（下議院）架空。

這雖然是非常艱鉅的一件事，但國王亦從旁相助，勞合・喬治因而成功完成前述所有任務。貴族院轉而從屬於平民院（上議院），貴族本身也因為遺產稅倍增、累進稅率提高，以及增設土地稅等制度而急遽衰微。

在社會福利方面，勞合・喬治則是成功設立老年、健康、失業等各種保險制度。在這之後，充實的社會保障制度仍持續發展，第二次世界大戰之後，工黨政權還提出了「從搖籃到墳墓」的口號。

於第一次世界大戰之際，在中東從事情報工作的兩人

勞倫斯&貝爾

Lawrence,Thomas Edward & Bell, Gertrude Margaret Lowthian

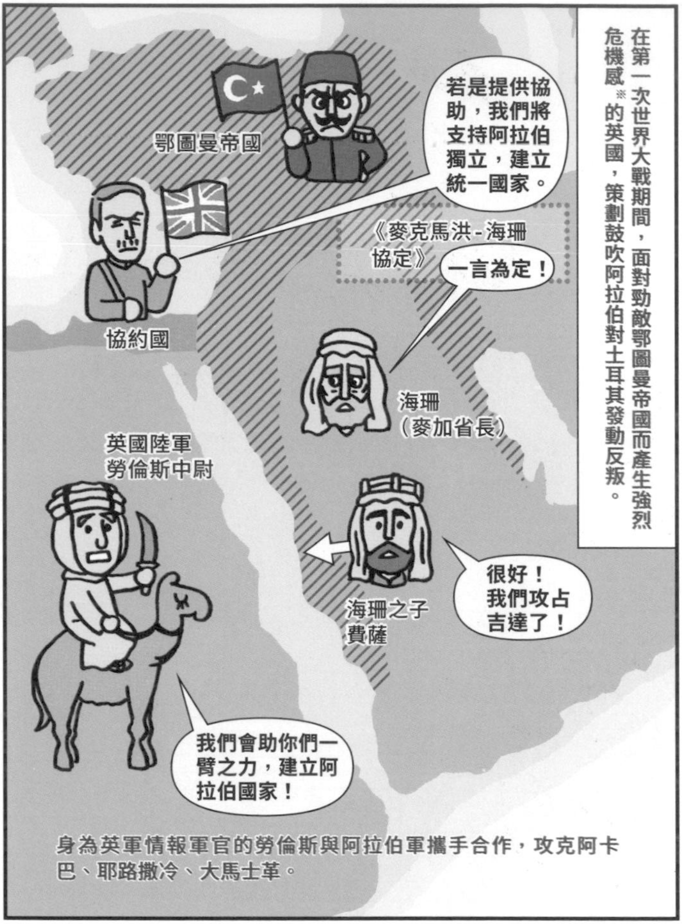

在第一次世界大戰期間，面對勁敵鄂圖曼帝國而產生強烈危機感※的英國，策劃鼓吹阿拉伯對土耳其發動反叛。
鄂圖曼帝國
若是提供協助，我們將支持阿拉伯獨立，建立統一國家。
協約國
《麥克馬洪-海珊協定》
一言為定！
海珊（麥加省長）
英國陸軍勞倫斯中尉
海珊之子費薩
很好！我們攻占吉達了！
我們會助你們一臂之力，建立阿拉伯國家！
身為英軍情報軍官的勞倫斯與阿拉伯軍攜手合作，攻克阿卡巴、耶路撒冷、大馬士革。

※**危機感**：對於當時正與德國和法國爭奪波斯灣石油利權的英國而言，中東的重要性大增。再加上為了確保源源不絕的船艦燃料（石油），而想盡辦法避免此地被敵國奪走。

勞倫斯	貝爾
●考古學家・情報員	●探險家・情報員
生卒年 1888～1935年	**生卒年** 1868～1926年
出　身 特雷馬多格（WAL）	**出　身** 杜倫（ENG）

因語言能力優秀而參與阿拉伯叛亂

在第一次世界大戰時，英國與法國、俄羅斯等國聯手，對抗由德國、奧地利・匈牙利、鄂圖曼帝國等所組成的同盟國。英國不光是對鄂圖曼帝國發動正面攻擊，還從其統治下的阿拉伯人下手，試圖從內部分化、削弱其國力。而負責這項機密任務的是，被稱為「阿拉伯的勞倫斯」的湯瑪斯・愛德華・勞倫斯，以及擁有「沙漠女王」別號的格特魯德・貝爾。

勞倫斯出身考古學領域。他在外地進行田野調查時，因為出色優秀的阿拉伯語能力，而被陸軍相中至外交部底下擔任情報員。他的主要任務是負責與當時已經崛起的費

然而，英國與法國之間也簽訂了分割統治阿拉伯地區的密約。
戰爭結束後就來分一分。
《賽克斯-皮科協定》
鄂圖曼帝國
被騙了！
不只如此，英國還宣布※支援四散於各國的猶太人返回巴勒斯坦，建造居住地（《貝爾福宣言》）。
希望阿拉伯人能夠贏得獨立，可是英國這邊並不打算放手。
阿拉伯情報局（開羅）特務貝爾
這樣豈不是讓我背叛阿拉伯的友人！
你們實在太不了解阿拉伯這個國家了。事態反而變得比戰爭前還嚴重！
邱吉爾
巴黎和會※結束之後仍留在巴格達的貝爾，鍥而不捨地與英國政府進行交涉，並擁立阿拉伯的英雄費薩爾一世為王，協助伊拉克建國。

※**宣布**：1917年英國所發表的《貝爾福宣言》，目的在於協請猶太人對抗土耳其。

※**巴黎和會**：1919年針對第一次世界大戰的戰後處理進行討論的會議。會中決定將中東劃分為英國與法國的委任統治地。

薩爾・伊本・海珊進行聯絡。

對阿拉伯沙漠瞭如指掌的女中豪傑

貝爾則與勞倫斯在同一時期從事同樣的任務。

貝爾出身富裕家庭，因造訪派駐德黑蘭擔任公使的叔叔，而深深著迷於阿拉伯的魅力，經常只帶著一位當地導遊到處進行沙漠探險。第一次世界大戰爆發後，英國看中她精通當地語言與地理的能力，以及人脈廣闊這一點，遂聘用她擔任情報員。

在大戰末期，察覺到此項任務重要性的當地人則尊稱貝爾為「可敦（女長官）」。

後續影響！

當時英國根據《麥克馬洪-海珊協定》、《賽克斯-皮科協定》、《貝爾福宣言》展開表裡不一的外交，成為戰後中東問題的導火線，引發許多流血衝突。

期盼英國恢復昔日榮光，但也深知國力極限的名宰相

邱吉爾

Churchill, Sir Winston Leonard Spencer

在第二次世界大戰期間，邱吉爾首相頻繁地進行首腦會談，也傳出各種軼聞趣事。比方說……
1941年12月與美國羅斯福※總統會談後，
剛淋完浴的邱吉爾與羅斯福撞個正著。
開門
邱吉爾
原來你剛剛在沖澡啊。真是失禮了！
沒關係。我們兩國已經結婚了，英國對美國坦承相見是應該的。
點火
藉此表達自身對英美夥伴關係的重視。
……。
羅斯福

※羅斯福（Franklin Delano Roosevelt，1882～1945）：在第二次世界大戰期間，與邱吉爾聯手指揮同盟國作戰。但接近終戰時卻因為腦溢血而猝逝。

●政治家
生卒年 1874～1965年
出身 布倫亨宮（ENG）
事蹟 組成聯合政府，帶領英國戰勝納粹德國

貫徹反獨裁主義立場的貴公子

在英國為數眾多的貴族宅邸當中，只有一座被列入世界文化遺產名單。那就是位於牛津近郊的布倫亨宮（Blenheim Palace），而這裡也是在二戰時擔任首相的溫斯頓・邱吉爾的老家。

邱吉爾的父親倫道夫為保守黨下議院議員，祖父史賓賽則是第七代馬爾博羅公爵，乃是聲望顯赫的貴族。

或許是受到身為保守黨員，卻經常採取獨斷行動的父親影響，邱吉爾亦效法這樣的作風，而且還數度遊走於自由黨和保守黨之間。

話雖如此，邱吉爾反共、反法西斯的態度始終如一。

邱吉爾26歲時進軍政壇，直到

1941年6月德軍進攻蘇聯，令邱吉爾決定全面協助蘇聯。
納粹德國
他在演說※時闡述，自己與本該提防的共產主義國家蘇聯合作的心境。
如果希特勒要攻打地獄（蘇聯）的話，那我應該也會幫惡魔（共產黨）說話。
1942年8月蘇聯
一起加油吧。神是站在我們這邊的。
史達林※
據說史達林不但知道邱吉爾的這段發言，還故意笑著引述。
畢竟我這邊有惡魔加持嘛！只要同心協力，相信一定能打倒共同的敵人。
賊笑
……。

※**演說**：德國在這段時期不但空襲倫敦，還與日本、義大利結為同盟，勢力更顯龐大。這段內容展現出邱吉爾為了打倒德國，不惜使出任何手段的決心。

※**史達林**（**Joseph Stalin，1878～1953**）：蘇聯共產黨領袖。在第二次世界大戰時與英、美等國組成統一戰線。

高齡89歲才退休。政治生涯長度算起來將近一般政治人物的3倍，但是值得拿來大書特書的事蹟卻意外地少。

若將範圍限定在閣員時期的作為，頂多就是帶領英國打贏第二次世界大戰這件事吧。

邱吉爾之所以能夠成為戰時領袖，與他很早便對納粹德國展現出高度警戒，以及持續批判姑息政策有關。

厭惡獨裁政治與恢復英國昔日的榮光，就是驅使邱吉爾從政的兩大動力。

後續影響！

1946年
邱吉爾的演說
促使世界動起來

●3月「鐵幕演說」
↓ 批判共產黨
東西新冷戰

●9月「蘇黎世演說」
↓ 呼籲歐洲統合
EU成立

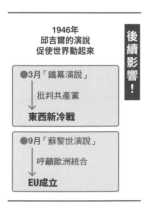

捨棄王冠的哥哥與恢復王室威嚴的弟弟夫婦

溫莎公爵（愛德華八世）＆喬治六世＆鮑斯-萊昂

Windsor, Duke of & George VI & Bowes-Lyon, Elizabeth Angela Marguerite

我決定為了自己與後世子孫放棄王位。
愛德華八世
愛德華八世談了一場「賭上王冠之戀」，最後選擇心上人華麗絲※，在位327天後退位。
這項決定令英國上下感到震驚，後來由弟弟喬治繼承王位。
不、不會吧。這、這也太突然了吧……。
喬治六世
而且他還會口吃，有辦法演講嗎？
感覺挺老實，但似乎欠缺了一點風采？
然而，喬治六世有一名強而有力的幫手。那就是王妃伊莉莎白。王妃的開朗與堅強成為他最大的後盾。
即將展開對德作戰，請對國民發表演說。
喔。

※**華麗絲（Wallis Simpson，1896～1986）**：1927年與美國海軍士官離婚。翌年與倫敦船舶經銷商辛普森再婚，成為社交界紅人，於1936年再度離婚。翌年與退位後成為溫莎公爵的愛德華結為連理。

溫莎公爵 ●英國國王 生卒年 1894～1972年

喬治六世 ●英國國王 生卒年 1895～1952年

鮑斯-萊昂 ●英國王妃 生卒年 1900～2002年

為了心上人，王冠亦可拋

國王的風流韻事總是特別多。即使法律上明文規定一夫一妻制，但有一定社會地位的人士，身邊有一、兩位情婦也絲毫不奇怪，更遑論是國王了。

然而，若要迎娶成為王妃的話就另當別論。愛德華八世所深愛的女性華麗絲本身的條件相當不利。除了是美國人外，還曾離過婚，而且前夫仍在世，若與愛德華八世再婚的話就會成為現任王妃，這些都被視為問題點。

不只內閣、議會與教會，就連媒體和大部分的國民都表示反對，愛德華八世面臨了該選王位還是意中人的抉擇。最後愛德華八世選擇

伊莉莎白王妃
沒問題，你能做到的。
在納粹德國開始空襲※倫敦市內後，國王一家並未下鄉避難，持續留在白金漢宮※內執行公務。
伊莉莎白王妃前往英國各災區與軍需工廠進行訪問，喬治六世亦積極慰問外國遠征部隊。
伊莉莎白是全歐洲最危險的女性。
希特勒
我們守住了全世界的自由！
1945年5月8日，喬治六世於德國投降後的歐戰勝利紀念日，發表了流傳後世的著名演說。
邱吉爾
聚集於白金漢宮前的大批民眾，異口同聲地高喊：「有請國王登場！」

※**空襲**：1940年9月至1941年5月的大規模空襲。死亡民眾超過4萬人。

※**白金漢宮**：位於倫敦的王室宮殿。這是白金漢公爵於1703年所建造的宅邸，喬治三世於1761年買下而成為王室的所有物。從維多利亞女王時代起成為君主固定居住的王宮。

抱得美人歸，將王位讓給胞弟。

堅守倫敦拒絕下鄉避難而廣獲人氣

愛德華八世退位後，由排行第二的弟弟約克公爵喬治繼位，成為喬治六世。喬治六世本身有一個很大的問題。他自從幼年罹患語言障礙後，便無法在人前說話。登基後的喬治六世憑藉著不懈的練習與努力，克服了自身的問題。這段故事亦被改編為電影《王者之聲：宣戰時刻》（The King's Speech），並榮獲奧斯卡最佳影片。此外，喬治六世的王妃伊莉莎白・鮑斯-萊昂是一位無比堅強的女性，在第二次世界大戰期間始終堅守倫敦拒絕下鄉避難，並要求國王跟進。

後續影響！

喬治六世志在打造與民同在的王室。他的女兒伊莉莎白二世則推動建立「開放親民的王室」形象，透過網路或電影公開各種有關王室的資訊。

COLUMN

從社會主義的觀點提出文明批判

藉由科幻小說描寫國家與戰爭本質的作家

科學能發展到什麼地步？究竟是為了什麼而存在？為什麼戰爭不會停止？可以全面信賴國家嗎？對此，科幻小說（science fiction）為大眾提供了一套說辭。

說到赫伯特・喬治・威爾斯，日本人視他為科幻小說的始祖之一。他是陶瓷商人之子，獲得獎學金補助而進入大學就讀，當時的社會無論是在經濟或是學術方面皆奉行科學萬能主義。他對這樣的現象也不會產生任何懷疑，以優異的成績畢業後，成為了一名理科教師。

不久後由於身體健康出問題，威爾斯遂轉行當記者，同時也開始寫小說。《時光機器》一書廣獲好評，不久後他又接著推出《隱形人》、《世界大戰》等作品。

經歷過第一次世界大戰後，威爾斯有一陣子曾以歷史學家的身分致力於寫作。此時期的代表鉅作為《世界史綱》與精簡版的《世界簡史》。書中所闡述的排除白人文明中心主義、探尋全體人類足跡的歷史觀，為世界各地的讀者帶來不小的震撼。

1903年，當時已是知名小說家的威爾斯加入費邊社，這雖足以說明他身為社會主義者的立場。但為科幻小說打造金字塔的喬治・歐威爾，更是在在說明他是一名社會主義者。

歐威爾為稅務員之子，出生於印

Wells, Herbert George
威爾斯
（1866～1946）
小說家・歷史學家・科學評論家

Orwell, George
歐威爾
（1903～1950）
小說家

度。回到英國自伊頓公學畢業後，卻沒有選擇上大學，而是在緬甸當了6年警察。後來因為遲遲找不到人生方向，換過很多工作，同時開始進行寫作活動。他曾針對巴黎與倫敦的下層社會撰寫報導文學，也曾寫過批判殖民地統治的小說等作品。

一般認為歐威爾是在1935年左右成為社會主義者，他在這之後的作品，尤其是第二次世界大戰以後，批判獨裁政治與極權主義的著作也隨之變多。其中被公認為最出色的作品是1949年出版的《1984》。

這部作品的背景設定在1984年的超級強國「大洋國」(Oceania)。在這個虛構的國家中，黨政府為了達到集中權力的目的，徹底進行高壓統治，諸如維持戰時體制、監控人民生活、竄改歷史、鼓勵人民崇拜被神格化的領袖等等。從創作時期來看，歐威爾肯定是取材自納粹德國與史達林獨裁政權下的蘇聯。大部分的讀者亦同意此看法，也讓本書在西方各國獲得極高的評價。

《1984》中的大洋國，由「老大哥」(Big Brother) 掌握巨大的權力。

DATA

出自H·G·威爾斯筆下的科幻名著

- **《時光機器》**(1895)
主角建造了一台能進行時空旅行的機器，並前往約80萬年後的地球旅行。該時代的人類已進化為2個種族——長相姣好的艾洛伊族(Eloi)，以及在地底下操作機械的莫洛克族(Morlocks)。

- **《隱形人》**(1897)
一名頭上綁著繃帶的奇特男子出現在易平村(Iping)。他其實是在實驗中變成隱形人的科學家。村民們則因為他充滿憎恨與惡意的行為而陷入恐慌。

- **《世界大戰》**(1898)
19世紀末，形似章魚的火星人侵襲地球。他們透過高熱射線大量殺害地球人，但在半個月後，卻因為地球上的細菌而接連死亡。接著火星人突然消聲匿跡，但隨時都有可能來襲的恐懼卻深植地球人的心中。

- **《解放全世界》**(1914)
時值1950年代。全球的極權統治國家引發了世界大戰。世界的幾座都市毀於核彈攻擊，這中間也有從戰爭與國家中獲得解放的人，他們醒悟到必須開始創建世界性的國家。

卡特 Carter, Howard

實現長年的宿願，完成世紀大發現的考古學家

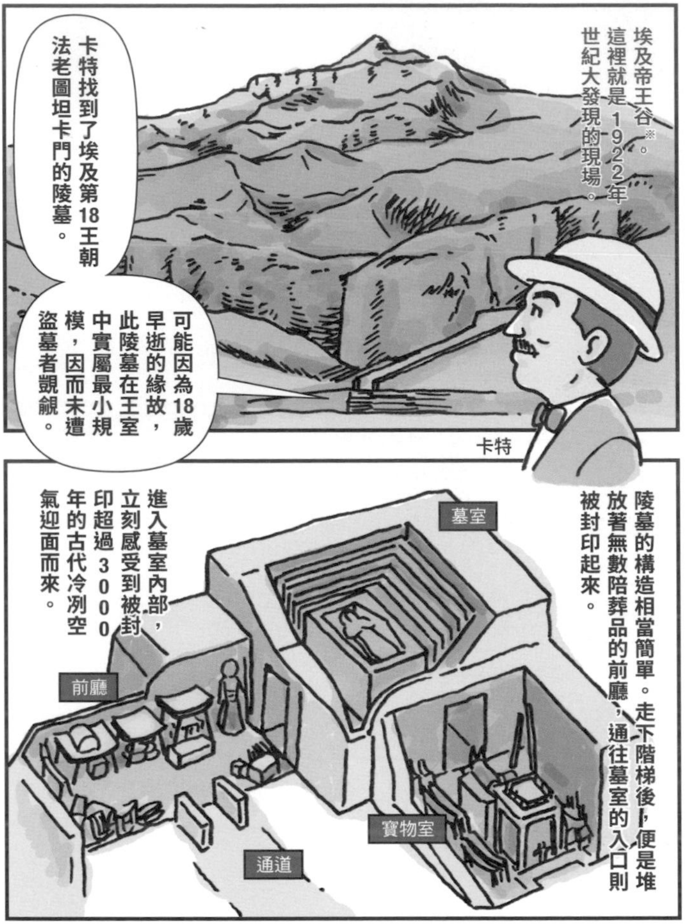

埃及帝王谷※。這裡就是1922年世紀大發現的現場。
卡特找到了埃及第18王朝法老圖坦卡門的陵墓。
可能因為18歲早逝的緣故，此陵墓在王室中實屬最小規模，因而未遭盜墓者覬覦。
卡特
陵墓的構造相當簡單。走下階梯後，便是堆放著無數陪葬品的前廳，通往墓室的入口則被封印起來。
進入墓室內部，立刻感受到被封印超過3000年的古代冷冽空氣迎面而來。
墓室
前廳
寶物室
通道

※**帝王谷**：這是一座位於埃及盧克索尼羅河西岸的岩山。眾多古埃及新王國時期（約西元前1570年～西元前1070年）的法老王陵寢皆分布於此。

●畫家・考古學家
生卒年 1873～1939年
出身 斯瓦弗漢姆（ENG）
事蹟 於埃及帝王谷發現圖坦卡門陵墓

以隨行畫家身分前進埃及挖掘現場

帝國主義不僅掌控了政治與經濟，也掌控了文化。英國為在針對特定對象進行的歷史研究與在歷史觀上能掌握主導權，因此興起了在亞洲與非洲進行挖掘調查的熱潮。在這個過程中亦出現了在歷史留名的人物，而霍華德・卡特就是最典型的例子之一。

出生於貧窮家庭的卡特，雖未曾受過高等教育，但或許是受到身為動物畫家的父親影響，相當具有繪畫天分，17歲時便以素描畫家的身分獲得前往埃及工作的機會。卡特在挖掘調查的現場也幫忙擔任助手，持續幾年下來，他愈來愈熱衷於埃及考古學。

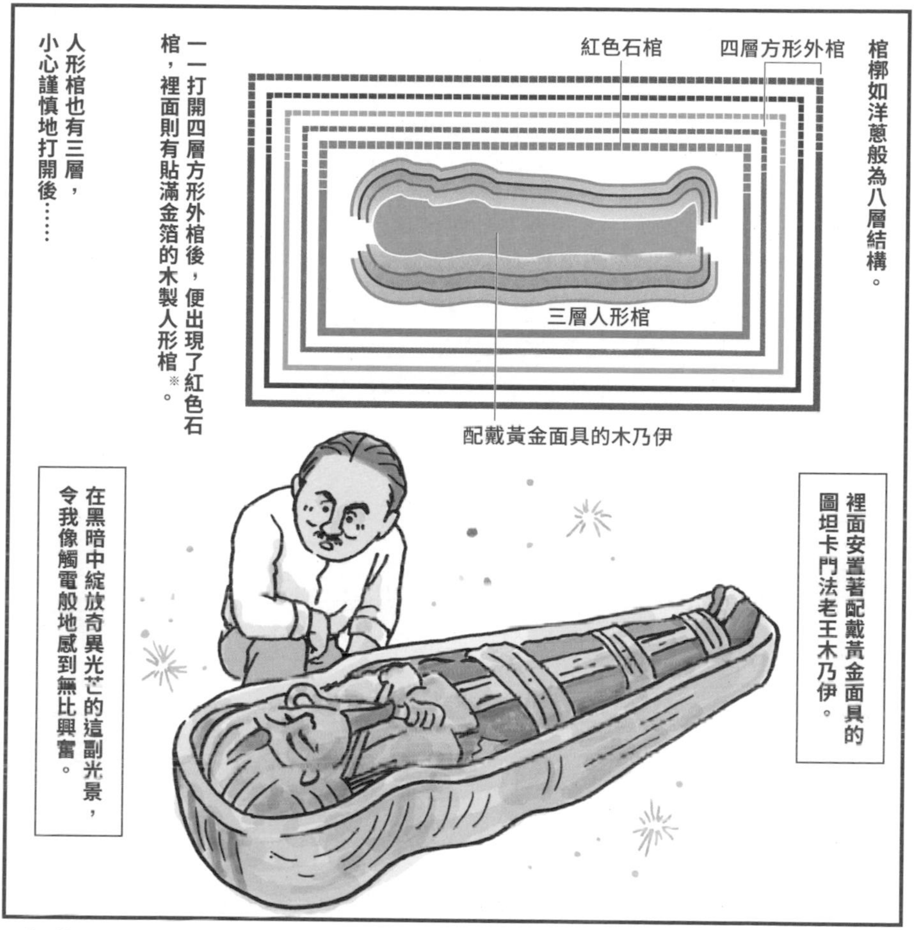
棺槨如洋蔥般為八層結構。
四層方形外棺
紅色石棺
三層人形棺
配戴黃金面具的木乃伊
一一打開四層方形外棺後，便出現了紅色石棺，裡面則有貼滿金箔的木製人形棺※。
人形棺也有三層，小心謹慎地打開後……
裡面安置著配戴黃金面具的圖坦卡門法老王木乃伊。
在黑暗中綻放奇異光芒的這副光景，令我像觸電般地感到無比興奮。

※**人形棺**：第一層棺與第二層棺為木製，第三層棺為純金製，重達110公斤。

在資金快斷炊時取得重大考古發現

挖掘調查所需要的資金相當可觀，必須獲得資助才有辦法進行。卡特一開始是倚賴美國的富豪戴維斯出資，兩人不合鬧翻之後，卡特便委請英國貴族卡納馮伯爵（Lord Carnarvon）擔任新的出資者。

話雖如此，卡納馮伯爵的財力是有限的，就在他決定從下一季開始停止提供金援時，卡特在這緊要關頭終於迎來世紀大發現。他找到了古埃及第18王朝法老圖坦卡門的陵墓，將其從2500年的長眠中喚醒，呈現於世人眼前。

後續影響！

世界各地的博物館對出土品所進行的研究，逐步揭開了古埃及文明的神祕面紗。圖坦卡門的木乃伊應卡特的要求並未被移動，依然安置於帝王谷內。

凱恩斯

Keynes, John Maynard

發展出至今仍被廣泛應用的理論，20世紀最偉大的經濟學家

※ **經濟大恐慌**：1929年10月，華爾街的紐約股市暴跌引發全球經濟衰退，並持續至1933年左右才結束。對全球資本主義國家的產業與經濟帶來巨大打擊。

●經濟學家

生卒年 1883～1946年

出　身 劍橋（ENG）

事　蹟 主張透過政府支出投資公用事業來增加有效需求

發展出新經濟分析體制

約翰・梅納德・凱恩斯的父親內維爾（John Neville Keynes）是身兼劍橋大學教務長的經濟學家，母親則是社會企業家，亦為劍橋地區首位女性市議員，並擔任過市長等職務。凱恩斯本身也是從伊頓公學這所超級名校進入劍橋大學的國王學院就讀，始終走在菁英養成道路上。

凱恩斯在1905年通過文官考試後，曾擔任過行政官僚，有時也會關在大學裡努力撰寫有關經濟方面的文章。1919年以財政部首席官員的身分出席巴黎和會，因反對會議中對德國提出的巨額賠償案而辭去代表一職。凱恩斯認為那

麼做只會拖垮全歐洲的經濟。

凱恩斯的著作繁多，而被視為其代表作的則是1936年出版的《就業、利息和貨幣通論》。

他在書中闡述，失業的原因在於有效需求不足，而且光靠市場經濟本身的自動調節機能無法解決這個問題，因而否定自由放任主義，並提倡應該透過政府支出積極投資公用事業。這樣不僅能作為失業對策，還能喚起需求。

凱恩斯還主張法定貨幣在景氣對策上的重要。

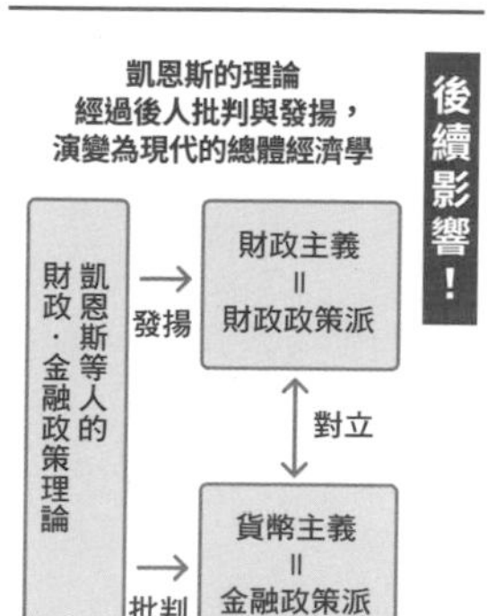

A・弗萊明

Fleming, Sir Alexander

讓原本救不了的性命得以獲救。孜孜不倦地研究喚來奇蹟

※**金黃色葡萄球菌**：引起感染症或食物中毒的細菌。弗萊明在第一次世界大戰期間擔任英國陸軍野戰醫院的軍醫時，曾診治過許多被金黃色葡萄球菌感染的士兵。

●細菌學家
生卒年 1881～1955年
出身 洛克菲爾德（SCO）
事蹟 透過實驗中的細微現象，發現青黴素

出自偶然卻帶動醫學界革命

鼠疫、霍亂、傷寒、結核病。直到近代以前，對於這些疾病並沒有有效的治療方法。然而，現在能使用抗生素來治療疾病，或是有效抑制症狀。人類最早發現的抗生素為盤尼西林，發現者為細菌學家亞歷山大・弗萊明。

弗萊明自工藝學校畢業之後，曾在商船公司任職4年，後來又進入倫敦大學的聖瑪麗醫院醫學院就讀，鑽研細菌學。他在第一次世界大戰期間曾被派往法國的野戰醫院服務，終戰後回到母校復職，並在1928年成為細菌學教授。

弗萊明在成為教授的前一年有了重大發現。因為無意間看到用畢

老師，您怎麼了？
轉圈
我找到具有超強殺菌力的物質啦！是由黴菌分泌出來的！
……以上就是我的發現經過，取名為盤尼西林的這項物質只會對細菌產生作用，能在不危害患者的情況下殺光細菌！
哇啊
接下來透過其他研究者的努力，得以精製出高純度的盤尼西林，以及進行大量生產，並被廣泛用於肺炎或割傷等感染症的治療※。
幸好當時沒順手把培養皿給丟了。
THE NOBEL PRIZE
弗萊明於1945年榮獲諾貝爾獎。他的發現至今仍被用於各種用途，持續救助芸芸眾生。

※**感染症的治療**：美國的瓦克斯曼（Selman Abraham Waksman，1888～1973）亦透過同樣的方式，發現防止結核菌繁殖的鏈黴素。「抗生素」一詞也是由他所發明的。

後擱置一旁的葡萄球菌培養皿中長出青黴菌，而且只有黴菌周邊沒有細菌繁殖，這讓弗萊明突然得到了啟發。

弗萊明從培養皿中成功提煉出擁有強烈殺菌作用但毒性很低的物質，並根據青黴菌（Penicillium）之名，將這種物質命名為盤尼西林（Penicillin）。這正是人類第一個發現的抗生素。

這項發現經過13年後，盤尼西林也被證實能當作具有療效的醫藥品使用。

後續影響！

隨著不斷開發新的抗生素，各種感染症也變得有辦法治療

- 瘧疾
- 漢生病
- 傷寒
- 結核病
- 霍亂
- 鼠疫
- 梅毒
- 等等

COLUMN

令全世界為之狂熱的奇幻文學鉅著

證明傳說與故事擁有強大力量的天才

奇幻文學中不可或缺的元素是，雖有動作場面，不過得讓女性與兒童讀者也覺得有趣；主角雖然使用魔法，但內容要讓成人也能夠樂在其中，兩者缺一不可。

奇幻電影《魔戒》三部曲與《哈比人》系列原著作者約翰．羅納德．瑞爾．托爾金，以及《哈利波特》系列原著作者J．K．羅琳，皆為英國作家，兩人作品的共通點則是魔法。

從亞瑟王傳說的例子便可得知，英國奇幻文學的傳統由來已久。另外有別於此，蘇格蘭與愛爾蘭都留有豐富的精靈傳說，這些傳說的起源可追溯至接受信基督教前的凱爾特人的信仰。當時有被稱為德魯伊（Druid）的祭司，人們相信靈魂不滅並流行精靈崇拜，這些都很容易令人聯想到魔法世界。

至於為何戒指會成為關鍵物呢？其實歐洲自古以來便存在著戒指具有魔力的傳說。戴上戒指就能隱形是很常見的設定，亞瑟王傳說中則有讓人受傷也不會流血的戒指，以及能夠青春永駐與常保健康的戒指。

托爾金在牛津大學擔任古英語教授的同時，也持續創作小說。他本人曾說過執筆寫作《魔戒》的動機是出自「身為小說作家，想要藉由長篇故事來測試自己的實力」，相信實情應該就是如此吧。單憑在大學開設講座

Tolkien, John Ronald Reuel
托爾金
(1892～1973)
作家・中世紀研究學者

Rowling, J.K.
羅琳
(1965～)
兒童文學作家

以「中土世界」為背景，描述善惡兩方為了爭奪具有強大力量的魔法戒指而不斷戰鬥的故事。

課程，並無法充分發揮他畢生所累積的學識。對於行動派的人而言，打造能讓自己大顯身手的舞台一點都不足為奇。

另外，關於哈比人（Hobbit）一詞的由來，有一說認為是源自於中世紀便開始使用的地方行政單位「郡」（Shire），但正確與否則不得而知。

另一方面，羅琳自幼便喜愛閱讀與寫故事，並在大學取得法文與古典文學的學位。她的第一部作品《哈利波特：神祕的魔法石》於1997年6月出版，據說她是在1990年的夏天從曼徹斯特搭乘前往倫敦金斯頓（Kingston）的列車時，產生了故事的構想。

羅琳是從哪些地方獲得創作靈感的呢？她似乎不是受到特定作品的啟發，而是各種作品深深烙印在她的腦海裡，成為發想的原點。正因為奠基於大量的閱讀經驗，才能源源不絕地浮現出各種故事構思。

描述少年魔法師哈利與邪惡巫師佛地魔之間的正邪大鬥法。

如果能夠得知羅琳小時候愛看的書、大學所攻讀的古典文學內容，以及與課業學習無關的各種閱讀清單，或許就能找出端倪也說不定。

貝爾德

被周遭當成怪人，仍將大半人生傾注在發明上

Baird, John Logie

1926年
貝爾德
既然聲音都能傳輸，那麼影像，也就是將光傳送出去應該是可行的。
過去曾有許多工程師挑戰這項任務，終於由我成功完成實驗。

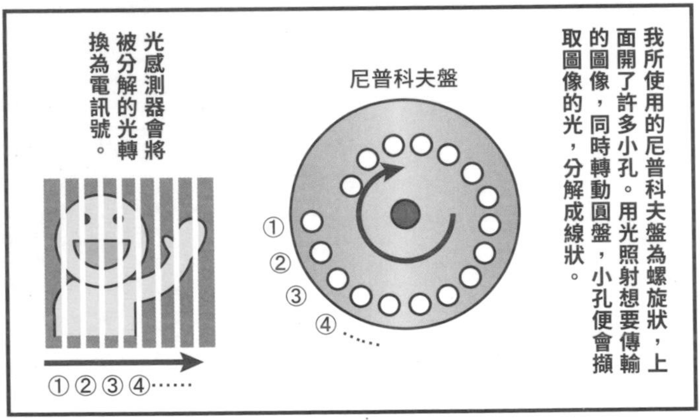
我所使用的尼普科夫盤為螺旋狀，上面開了許多小孔。用光照射想要傳輸的圖像，同時轉動圓盤，小孔便會擷取圖像的光，分解成線狀。
尼普科夫盤
①
②
③
④……
光感測器會將被分解的光轉換為電訊號。
①②③④……

●電機工程師

生卒年　1888～1946年

出　身　敦巴頓（SCO）

事　蹟　成功完成電視即時影像的長距離傳輸

開發電視機的推手

發明靜止圖像傳輸裝置的是蘇格蘭的貝恩（Alexander Bain），當時為1843年。80年後，發明能即時播放影像的電視機的約翰・羅傑・貝爾德，也是蘇格蘭人。

在貝恩的發明問世42年之後的1885年，也曾出現可望催生出電視機的發明。那就是由德國工程師尼普科夫（Paul Julius Gottlieb Nipkow）所研發出來的尼普科夫盤（Nipkow disk），使用這項裝置就能將分解成線狀傳輸的電訊號在接收端重組成圖像。

都已經發展到這一步了，應該只差臨門一腳而已，但不知為何電視機的開發歷史卻暫時處於停滯狀

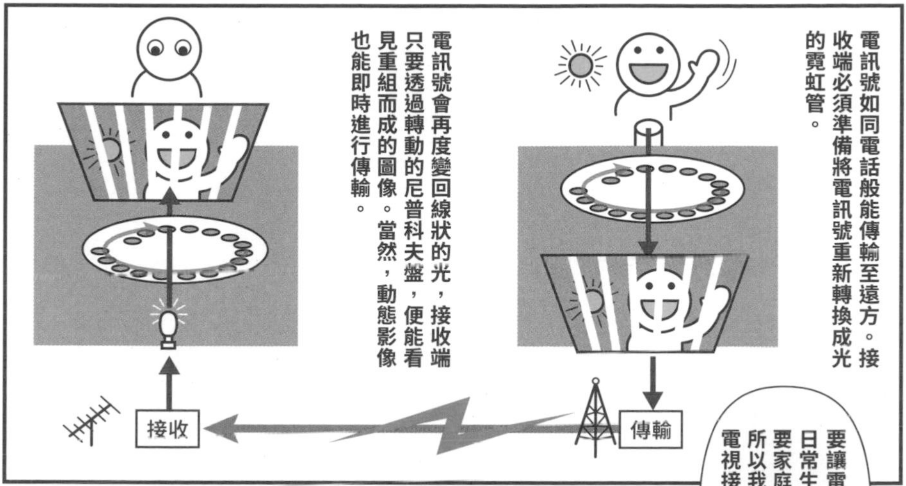

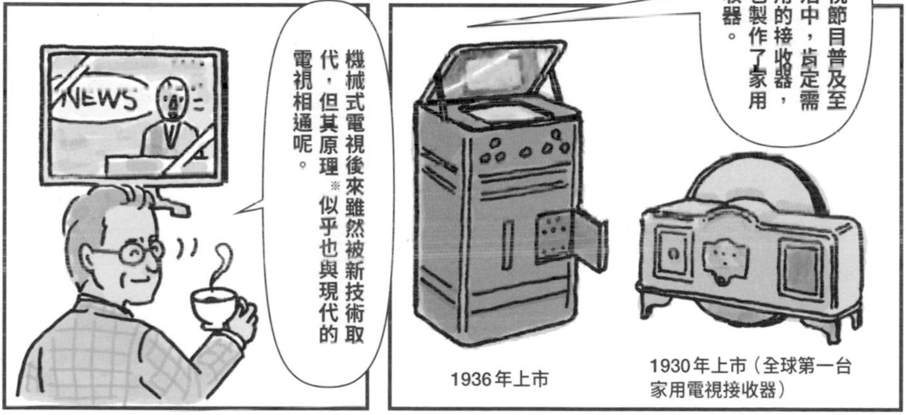

※ **原理**：將影像轉換成線狀的「掃描線」，當成電訊號傳輸出去，再由接收端重新組成影像。

態。而打開僵局的人正是貝爾德。

1926年終於成功完成公開實驗

正職為電機工程師的貝爾德，同時也傾注心血在發明方面，他在1923年年初，成功研發出全球第一套電視播放影像系統。接著在1925年10月首度完成灰階影像的傳輸。翌年1月26日，透過電視機傳輸即時影像的公開實驗亦順利過關。附帶一提，灰階影像是指利用黑與白的深淺明暗來呈現影像的方法。

貝爾德並未就此停下發明的腳步，1928年的彩色電視機公開實驗也成功完成，據說令在場見證的尼普科夫大為感動。

在這前一年，倫敦至格拉斯哥的長距離傳輸實驗，以及1928年倫敦至紐約的同一實驗皆如願成功。儘管一路走來並不平順，但貝爾德終於在歷經無數失敗後成就一番偉業。

COLUMN

活躍於好萊塢的電影界巨星

將喜劇與驚悚片推向藝術高峰

時值電影為主流娛樂的時代，出身英國的兩位電影人聲名大噪，紅遍全球。儘管彼此所擅長的領域並不相同，但同樣都是受到英國文化與社會的薰陶，因而展翅高飛的最佳典範。

探討電影史時，絕不能漏掉的英國電影人有兩位。那就是被譽為「喜劇之王」的查理·卓別林，以及被封為「懸疑電影大師」的亞佛烈德·希區考克。兩人皆曾經歷過兩次世界大戰的動盪時代。直到1920年代中期，世界情勢還算穩定，但1929年10月始於紐約的經濟大恐慌發生之後，失業與法西斯主義、共產主義的威脅，轉瞬間便擴散至全世界。德國成立納粹政權、蘇聯的史達林加強獨裁統治，其他國家也毫無例外地面臨某些重大的問題。

在這個時期，卓別林身兼電影導演與喜劇演員的地位早已確立。頭戴高帽、鼻子下面蓄著小鬍子、鬆垮垮的褲子、帶著一根手杖的獨特裝扮依然不變，但相較於早期清一色為單純的喜劇，卓別林自1918年完全獨立後，作品風格便逐漸轉變為巧妙地交織幽默與諷刺，笑中帶淚的形式。

笑淚交織的電影情節。這或許與卓別林身為江湖藝人之子有關，在父親死後他過著形同乞丐的生活，如果少了那樣的少年時期經驗，或許就不

卓別林在《大獨裁者》（1940年）中，以戲謔仿作的方式批判納粹政權。

Hitchcock, Alfred Joseph
希區考克
（1899～1980）
電影導演

Chaplin, Charlie
卓別林
（1889～1977）
喜劇演員．電影導演

可能誕生這位巨星了。

另一方面，希區考克則晚卓別林10年出生於倫敦。他在從事廣告設計工作時，因被選為默片字幕設計師而踏入電影界。歷經多年奮鬥後，他發現自己所執導的賣座電影皆為驚悚類作品。希區考克也因此被世人視為驚悚電影大師。

1938年的《貴婦失蹤案》（The Lady Vanishes）獲頒紐約影評人協會最佳導演獎。這也成為他轉戰美國的跳板，希區考克在美國執導的首部作品《蝴蝶夢》（Rebecca）則榮獲奧斯卡最佳影片獎。在這之後，他持續製作電影，固定一年推出一部充滿恐怖懸疑氣氛的作品。1960年代，希區考克更成功讓原本被視為B級片的驚悚電影，一躍成為主流。

在希區考克為數眾多的傑作中，最出色的應屬1959年推出的《北西北》（North by Northwest）。劇情描述主角某天突然被捲入毫不知情的事件裡，這在希區考克的作品中是很常見的設定，不過追逐場景卻無比精彩。主角被一架小飛機追殺，在遼闊廣大的玉米田中閃躲逃竄的場景，成為許多同業競相模仿的經典鏡頭。

DATA　希區考克的驚悚片名作

- **《擒凶記》**（1934）
某個普通家庭在陰錯陽差下得知國家重大機密，而被國際間諜組織盯上。
- **《蝴蝶夢》**（1940）
成為富豪第二任妻子的女主角，搬到豪宅與丈夫同住。然而，她卻在豪宅內看見前妻蕾貝卡的身影……。
- **《驚魂記》**（1960）
一名侵占公司公款的女性在汽車旅館遭到不明人士殺害。不久後女性的親友開始搜尋她的下落。
- **《鳥》**（1963）
某天，鳥兒突然開始無緣無故地襲擊民眾。

膾炙人口的007系列電影原創者

I・佛萊明

Fleming, Ian

據說詹姆士・龐德的原型不只一人。
聽說佛萊明一開始反對由我來演龐德，不過現在似乎已經認同我的詮釋。
史恩・康納萊飾演龐德

原型之一為原作者佛萊明本人。他曾是任職※於英國海軍情報局的間諜。
作品中的確反映了我的工作經驗。
笑
I・佛萊明

另一位眾所公認的原型人物為達斯科・波波夫（Dusko Popov）。波波夫真有其人，出身塞爾維亞，是遊走於納粹情報局與英國情報局的雙面間諜。他透過混淆戰術幫助同盟國軍在諾曼第成功登陸。

※**任職**：佛萊明在監視西班牙佛朗哥將軍的「黃金眼行動」中擔任總指揮。於第二次世界大戰後卸下間諜的身分。

●小說家

生卒年 1908～1964年

出身 倫敦（ENG）

事蹟 創造出殺人身手與把妹功夫皆一流的英雄

發揮過往間諜工作的經驗

在俗稱MI6的英國祕密情報局工作的特務詹姆士・龐德，代號007。其創作者並非從一開始便立志成為小說家。

出生成長於倫敦著名高級住宅區的伊恩・佛萊明，曾任路透社的莫斯科特派員，之後在第二次世界大戰期間於英國海軍祕密情報局服務，亦曾負責指揮對西班牙的間諜任務。

佛萊明在戰後轉換跑道成為小說家，在約莫12年的寫作生涯中，光是以龐德為主角的長篇小說便有12部。

他本人完全沒有想在文壇揚名立萬的欲望，據說賺大錢才是其唯

※**胡佛（John Edgar Hoover，1895～1972）**：29歲時成為美國聯邦調查局（FBI）首任局長。終其一生堅守崗位，在任長達48年。大大地提升了FBI的權威性。

一目的。

在作者逝世後依然活躍的007

由於007系列乃重視銷量而非評價的娛樂作品，因此維持一貫的單純情節，主角則被描寫成多才多藝無人能敵，而且超有女人緣的典型英雄。

007系列小說的出版順序與翻拍成電影的順序並不相同。電影的首部曲為《第七號情報員》(Dr. No)，第二部為《第七號情報員續集》(From Russia with Love)，不過出版順序則是前者為第六部作品，後者為第五部作品。

佛萊明於1964年過世，無緣看到第二部以後的系列電影。

後續影響！

之後007系列電影依然持續在全球熱賣。2012年倫敦奧運開幕式安排了龐德護送女王至會場的橋段，促成兩人同框演出。

披頭四

THE BEATLES

1960年代令全球年輕人為之瘋狂的樂團

●搖滾樂團

成員 約翰・藍儂、保羅・麥卡尼、喬治・哈里森、林哥・史達

事蹟 透過嶄新的樂曲改寫流行音樂史

雖然評價兩極，但披頭四於1965年因為「賺取外匯有功」而獲伊莉莎白二世女王頒發MBE勳章※。
喬治
約翰
保羅
林哥
約翰・藍儂曾對反對披頭四受勳的民眾如此表示：
在戰爭中殺了很多人而獲得的勳章，與透過音樂感動全世界所獲得的勳章，究竟哪個才是對的，你們知道嗎？
這種勳章不要也罷！
捏爛
獲頒同等勳章的前軍人
在這之後，約翰・藍儂展開反戰活動。為了對英國介入奈及利亞內戰，以及表態支持越戰的行為表示抗議，因而退還了此勳章。
領受勳章無疑是偽善。不過能以這樣的方式來表達我的想法，也算是好事一樁。

※ **MBE勳章**：1917年由喬治五世所創設的大英帝國勳章，共設5種級別，MBE為第五級。

來自英國，成為席捲全球的旋風

披頭四樂團是由約翰・藍儂、保羅・麥卡尼、喬治・哈里森、林哥・史達4人所組成。4人皆出身英格蘭西岸的海港城市利物浦，樂團前身則可追溯至1957年。幾度歷經成員更迭與團名變更後，於1962年由上述4名成員以披頭四之名發表出道單曲。

樂團接下來推出的《I Want to Hold Your Hand》、《A Hard Day's Night》等作品張張大賣，火紅的人氣還延燒至美國，隨後擴散至全世界。

披頭四的人氣超越音樂領域，甚至成為社會現象。

披頭四的曲風是以源自美國黑

※**騎士**：保羅・麥卡尼獲頒的是大英帝國勳章第二級勳位（KBE）。艾爾頓・強與米克・傑格（Mick Jagger）等人亦被授予同等勳位。

人社會的節奏藍調，以及白人的搖滾樂為基底，並由成員包辦作詞、作曲，再加上尚未走紅時期所鍛鍊出來的演奏實力，因而闖出了屬於他們的一片天。

歐美先進國家與日本的年輕族群不只喜愛披頭四的歌曲，還紛紛仿效團員的髮型或服裝，甚至人生哲學。過去也曾有過類似的事例，但披頭四則是第一個引發這種全民現象的團體。

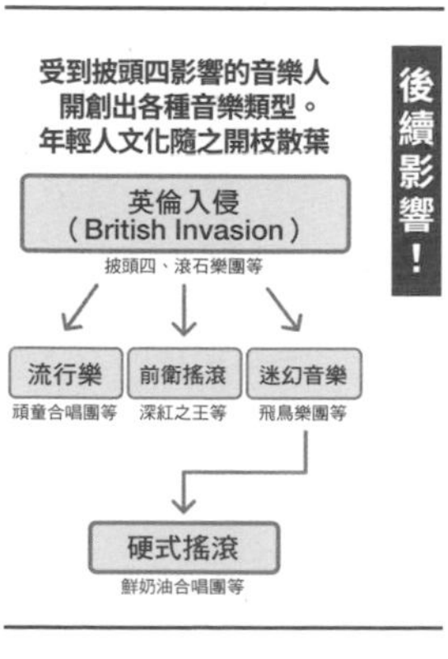

COLUMN

搖滾樂與英國文化

毫不遜於美國的多元音樂類型

Jamiroquai
ERIC CLAPTON
LED-ZEPPELIN

音樂無國界。這是因為歌詞多半平易近人，在某種程度上亦相當貼近現實。歐美音樂界如此，英語圈更是強烈呈現出這樣的傾向。

因此才會發生美國少數族裔的音樂在打入美國白人社會前，便先廣為英國人所接受的現象。具體來說，就是源自黑人社會的藍調、靈魂樂、雷鬼樂等音樂。

從這項脈絡來看便很容易理解，像披頭四這樣的樂團誕生自英國而非美國的理由。而且從英國出發，繼而席捲全球的音樂人並非只有披頭四，在其之後依然人才輩出。

舉例來說，知名吉他手克萊普頓（Eric Patrick Clapton）甚至被稱為藍調求道者。雖然他曾因為海洛因中毒而中斷音樂生涯，但在許多藍調樂團中都可見到其身影。克萊普頓在20幾歲時便被譽為「吉他之神」，但他並不因此而自滿，不斷朝著理想目標努力，以期登峰造極。

搖滾音樂在1960年代後半至1970年代前半愈來愈多元化，舉凡硬式搖滾、藍調搖滾、民謠搖滾、鄉村搖滾、迷幻搖滾、前衛搖滾、華麗搖滾等，都是在此時期衍生出來的分支。

1970年代中期左右，對商業主義路線感到不滿的年輕貧窮階級發展出龐克搖滾，但這股熱潮並沒有持續太久，1970年代後半新浪潮音樂接著問世。1980年代則延續這股潮流，催生出電子流行音樂。

COLUMN

身為足球母國的英國

成為日常生活一部分的運動賽事

關於足球的起源眾說紛紜，不過現代足球發祥自英國，而且還是英格蘭這一點是無庸置疑的。

之所以強調英格蘭，是因為英國超級足球聯賽分為英格蘭、蘇格蘭、威爾斯、北愛爾蘭四區，並且各自參加世界大賽的緣故，而這與英國的國家型態有關。

如同本書開頭所述，英國的正式國名為「大不列顛暨北愛爾蘭聯合王國」，就字面意義來看即為擁戴同一君主的四個獨立國所組成的聯合體。因此，不只是英格蘭銀行擁有紙幣發行權，蘇格蘭銀行也同樣具有此一權力。蘇格蘭鈔票上的肖像並非伊莉莎白二世，而是華特・史考特（Walter Scott）等當地出身的偉人。儘管在使用上有所限制，但是具備獨立國家的機能。

足球之所以在英格蘭享有高人氣的原因之一，在於原本只屬於上流階級的這項運動，亦開放給勞工階級參與，接著擴及英國全境。而且還透過教育與商業往來，依序傳播至歐洲大陸與南美。

在約150年的足球歷史中，出現過許多令人記憶深刻的知名球員，諸如已退休的貝克漢（David Robert Joseph Beckham）、綽號惡童的魯尼（Wayne Mark Rooney），以及在更早之前被譽為英格蘭史上最偉大球員的查爾頓（Bobby Charlton）等人。

另外，足球賽事當中發生的球迷騷亂也相當有名，這同樣是發祥自英國。只不過，一般都說此行為的起源乃出自對社會的不滿，但實際真實性則不得而知。

為了重建英國經濟而祭出鐵腕的「鐵娘子」

柴契爾

Thatcher, Rt. Hon. Margaret Hilda

1960～1970年代，英國經濟持續處於停滯狀態。大家紛紛指出各種引發英國病※的原因，當上首相的柴契爾主張應抑制凱恩斯的「大政府」理論所造成的龐大支出。
社會階級僵化
社會福利制度
兩黨制所造成的政策搖擺
教育的保守主義
公用事業國有化政策
罷工事件增加

出拳
公用事業國有化政策
它才是英國病的原因！
柴契爾

※**英國病**：昔日各種產業蓬勃發展，甚至被稱為「世界工廠」，引領全球的英國，經濟成長逐漸陷入低迷狀態。故以此名稱來比喻整個英國簡直就像病入膏肓的病人。

●政治家

生卒年 1925～2013年

出身 格蘭瑟姆（ENG）

事蹟 透過大膽改革，成功抑制通膨與重整財政

30歲後半轉行成為政治人物

歐洲史上第一位女性首相瑪格麗特・柴契爾乃中產階級出身。

柴契爾在牛津大學攻讀化學，畢業之後原打算結婚與考取律師證照，不過後來決定踏上從政之路，1959年以保守黨候選人身分角逐下議院議員席次並順利當選。

柴契爾在保守黨中隸屬右派。1961年曾經擔任年金和國民保險部政務次官。在影子內閣時期則擔任過燃料、電力、運輸等部會首長，接著在1970年成立的希思（Edward Heath）內閣被選任為教育與科學部長。

當時英國正面臨極為嚴峻的通膨壓力。

接下來是「小政府」的時代！
……
太棒了！這都是柴契爾主義的功勞！
是這樣嗎？
人民失業率變高，根本完全感受不到效果！
柴契爾首相大幅轉換政策，透過刪減歲出、公營事業民營化、放寬管制等方式，成功克服英國病。
柴契爾雖然維持了社會保險、醫療，教育等方面亦大刀闊斧地實行民營化與放寬管制的措施，因而獲得「鐵娘子※」這個含有敬畏之意的封號。
就是給人這種感覺。
英國的政治還真是難搞。

※ **鐵娘子**：柴契爾不只對國內經濟政策祭出鐵腕，在處理外交關係上亦相當果斷。1982年爆發福克蘭群島戰爭時，隨即派遣軍隊迎戰，並獲得英國國民壓倒性的支持。

後續影響！

柴契爾政權後半期至2006年左右，名目GDP穩定成長

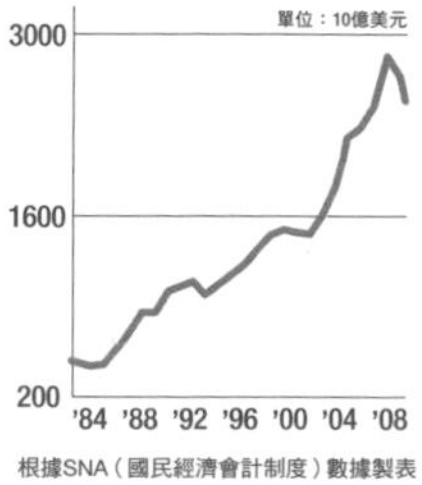
單位：10億美元
3000
1600
200
'84 '88 '92 '96 '00 '04 '08

根據SNA（國民經濟會計制度）數據製表

人民的工作意願低落與國際競爭力下滑的情況亦相當嚴重，財政赤字也如滾雪球般擴大。

這些負面狀況被命名為「英國病」。保守黨內的反主流派高呼，一切皆起因於工黨所實施的社會福利政策，而柴契爾正是該派系的中心人物。

漸漸地，黨內外支持柴契爾一派的聲浪持續不斷提高，也讓她在1975年成為保守黨黨魁，接著於1979年登上首相大位。綽號「鐵娘子」的柴契爾於是展開了被稱為柴契爾主義（Thatcherism）的經濟改革。

不斷思考與探究，致力釐清宇宙全貌

霍金

Hawking, Stephen William

頭髮遠看是一條線，放大拉近來看會發現其實是立體的。
這就是二維與三維空間。
霍金※
拔
這是二維空間呢。
盯一
這個呢？

※**霍金**：霍金認為愛因斯坦的廣義相對論無法說明極細微物質的作用，因此立志統整出一套毫無矛盾的理論來說明宇宙誕生至現在的過程。

●理論物理學家

生卒年 1942～2018年

出身 牛津（ENG）

事蹟 以淺顯易懂的方式為普羅大眾解說宇宙相關知識

抱著隨時死去的覺悟創造偉大成就

在現代物理學家中，每每能引起話題、受到全球關注的人物，並非歷屆諾貝爾物理學獎得主，而是被稱為「輪椅上的天才科學家」的史蒂芬．霍金。

霍金在就讀大學時罹患了「肌萎縮性脊髓側索硬化症」這種罕見疾病。患者會明顯出現肌肉萎縮、肌力減退的症狀，一般只剩下幾年的壽命可活，但霍金的病況不知為何突然停止惡化。雖然必須仰賴輪椅、人工呼吸器、聲音合成器等各種機器過日子，充滿各種不便與限制，但霍金仍然成為享譽全球的理論物理學家。

這是長寬高皆具備的三維空間呢！
我們只有辦法認知到三維空間之上的四維空間。這裡要再加上一條「時間軸」。
高
四維
三維
長
二維
寬
12
3
6
9
宇宙※據說有……11維空間。但很吊人胃口的是，我們並沒有方法可以進行確認。
期待你們年輕世代能夠研究出來。
1張、2張、3張……
總共有11張。這就是11維空間是嗎……。
真的能期待嗎……！。

※**宇宙**：目前科學家針對宇宙所提出的假說之一為「膜宇宙」。此假說認為世界上的各種物質皆位於膜內，只有重力會往我們所無法得知的方向傳遞。

指出人工智慧的危險性

霍金在物理學界獲得高度評價的原因在於，他透過以一般讀者為對象的著作、演講、訪談等，為普羅大眾說明原本難以理解的專業知識，讓理解變成可能。過去幾年霍金對人工智慧的開發提出警告，而他針對安樂死、進軍外太空、與外星生命接觸的功過、死後的世界、宇宙誕生等議題所發表的看法，亦備受矚目。

霍金主張人工智慧的開發或許意味著人類的滅亡。這不僅是電影情節，也有可能成為現實，他的這番言論在全球的科學家間引起眾多爭議。

此外，「天堂是為了安慰怕黑的人所虛構的世界」、「在宇宙創造的理論中，儼然沒有神的容身所在」等言論，也引起宗教界的強烈反彈。

COLUMN

創造電腦的計算機科學家

不斷挑戰自我能力的極限

這是為IT時代奠定基礎的人們。在技術革新的背後，往往有一群天才付出心血與努力，並勇於挑戰新領域，但這些功勞不見得會在其有生之年被世人知曉。

提到電腦產業，美國總予人一枝獨秀的印象，其實未必盡然。現在英國也有許多優秀的電腦人才，而且英國人在電腦開發史上亦做出相當大的貢獻。例如開發出可稱之為現代電腦原型的查爾斯·巴貝奇即為英國人。

在劍橋大學擔任教授的巴貝奇，對於數值表一定會出錯這件事感到十分困擾，他苦思該如何才能得到正確的結果，最終想到的是可以自己研發計算機，也就是現在所說的自動數位電腦的開發。

值得紀念的首部電腦被命名為差分機1號（Difference Engine No.1）。原本規劃兼具運算與自動印刷功能，可惜因製作精密金屬零件的技術未臻成熟，最後並未順利完成。

接下來要介紹2014年由英美合作拍攝的電影《模仿遊戲》（The Imitation Game）的主角，艾倫·圖靈。如同電影情節所述，他成功破解納粹德國的「恩尼格碼」（Enigma）密碼機，為同盟國的勝利貢獻良多。另外，在破解暗號的過程中，圖靈想出了比波蘭密碼局所導出的破解法更有效率的裝置，並根據波蘭的機器名

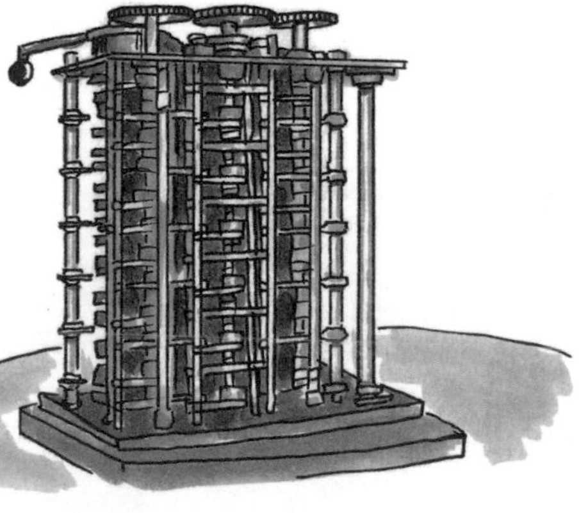

巴貝奇所構思的差分機1號，原定是由2萬5000個零件所組成。

WWW.
Berners-Lee, Timothy John
柏內茲－李
(1955～)
計算機科學家
Turing, Alan Mathison
圖靈
(1912～1954)
數學家
Babbage, Charles
巴貝奇
(1792～1871)
應用數學家

稱，將自己所研發出來的機器取名為BOMBE。

原本滿腦子只有數學的圖靈之所以會被賦予如此重大的任務，是因為他在1936年所發表的論文中，提出了後來被命名為圖靈機此一自動計算機構想的緣故。

另外，在上述電影中，有一幕為龐大的解碼機不斷運作以求出密碼的場景，藉此將進入破解「恩尼格碼」最後階段時圖靈腦中的計算過程視覺化，可以說是非常貼切的呈現手法。

在圖靈之後，現今英國則有提摩西．柏內茲－李這名極為優秀的數學家大展長才。

柏內茲－李的雙親皆為數學家，可說是繼承父母衣缽的菁英。他在牛津大學的皇后學院攻讀物理學，畢業後任職於多家企業，不僅從事研究開發，從技術設計到經營層面皆有所涉獵，廣泛活躍於各種領域。

超文件（Hypertext）是由他所開發出來的，最初設計HTML的也是他。

圖靈針對恩尼格碼密碼機所設計的電動式解碼機「BOMBE」。

摸索現代王室該呈現何種風範的兩位名女人

伊莉莎白二世&黛安娜（威爾斯王妃）

Elizabeth II & Diana, Princess of Wales

1997年黛安娜王妃死於交通事故。因在巴黎受到狗仔隊跟拍而引發了這場悲劇。
黛安娜
雖然黛安娜與查爾斯已於前一年正式離婚，但英國國民對她的敬意未減。許多國民得知消息後深感震驚與哀傷。
布萊爾首相
她是民眾心目中永遠的王妃。
然而在意外發生後，認為「黛安娜已非溫莎家族成員」的女王，並未發出任何聲明。
不能再把事情鬧大了。
DIANA DEAD
伊莉莎白二世
PUB
王室對黛安娜也太冷漠了吧？

※**肯辛頓宮（Kensington Palace）**：位於倫敦的王室宮殿，曾是查爾斯王太子與黛安娜王妃的居所。

伊莉莎白二世
●英國國王
生卒年 1926～
出　身 倫敦（ENG）

黛安娜（威爾斯王妃）
●英國王太子妃
生卒年 1961～1997年
出　身 桑德令罕府（ENG）

努力為王室立定方針的女王

英國王室的威信隨著愛德華八世退位而一落千丈，喬治六世則憑藉著上任後的表現大幅挽回劣勢。在伊莉莎白二世接位後，除了要恢復王室的聲望外，明確找出王室本身的定位亦成為關鍵課題。

伊莉莎白二世持續摸索，並選擇帶領王室走向開放且與民同在的路線。伊莉莎白二世認為國王的職責不在統治國家而是為民奉獻，因此從不缺席各種象徵性的儀式與活動，亦致力於公益與文化活動。雖然王室偶爾也會傳出負面消息，但她盡可能讓王子們過著與一般人無異的校園生活。

白金漢宮與肯辛頓宮※堆滿了民眾前來悼念的花束。查爾斯王太子※與布萊爾首相遂出面說服女王。得知國民對這件事有多悲嘆的女王終於發表聲明。
王室則以「皇家禮儀葬禮」來為黛安娜送終。
我以女王、祖母的身分，向大家表達我對黛安娜的哀悼。
小小年紀便失去母親的威廉※與哈利兩位王子，在女王的關懷下備受呵護地長大，亦深受人民喜愛。威廉與凱特賢伉儷，以及小王子、小公主則成為帶領英國未來的希望之星。
凱特王妃
威廉王子
哈利王子
喬治小王子
查爾斯王太子
威廉王子與凱特王妃交往時，狗仔隊也自我約束暫停跟拍。

※**查爾斯王太子（1948～）**：伊莉莎白二世的長子。威爾斯公爵、英國陸海空軍元帥。

※**威廉王子（1982～）**：劍橋公爵。王位繼承順位僅次於父親查爾斯王太子，排名第二。其長子喬治為第三順位、長女夏綠蒂為第四順位繼承人。

穿搭風格成為全球女性的範本

黛安娜為查爾斯王太子的第一任妻子，出生於名門貴族史賓賽伯爵家。兩人於1981年結婚，黛安娜姣好的容貌深深擄獲英國民眾的心，全國上下皆沉浸於歡慶的喜悅氣氛中。

黛妃時尚幾乎成為專有名詞，黛安娜不僅在英國擁有高人氣，更成為廣受全球喜愛的名人。兩名王子也相繼誕生，令人感覺王室前途一片光明，不料實際上黛安娜與查爾斯的關係已降到冰點，儼然是假面夫妻的狀態。

兩人依舊相偕參加官方的各種活動，平時卻處於分居狀態。黛安娜將時間都投注在育兒與慈善活動上，查爾斯則與昔日戀人卡蜜拉舊情復燃。

夫妻倆於1992年正式發表分居消息，1996年完成離婚手續。翌年，黛安娜因交通事故在巴黎身亡。

COLUMN

首相所面臨的新課題

該如何維護傳統與和平？淺談英國現代政治

持續增加的移民人數、伊斯蘭極端分子成為現實中的不定時炸彈。在傳統與和平受到威脅的情況下，該如何掌舵來帶領國家呢？對於執政者而言，時代難題總是一波波接踵而來。

在保守黨的柴契爾與梅傑之後擔任首相的是，工黨的布萊爾與布朗，以及保守黨的卡麥隆。

從1997年至2007年，東尼・布萊爾連任三次首相，執掌英國政權。在傳統政治方面，布萊爾採取改革與維持現狀兩種方式。

改革對象為貴族院（上議院），他落實了競選時所主打的政見——廢除世襲議員席次，並交出一番成果。至於維持現狀的部分則是針對法定貨幣英鎊，因為出於對歐盟懷疑論者的顧慮，而未以歐洲單一貨幣歐元來取代英鎊。

那麼，布萊爾在維護和平方面有哪些作為呢？

在處理英國國內最大的隱憂，北愛爾蘭的問題上，布萊爾獲得極高的評價。自1998年4月簽署《貝爾法斯特協議》（Belfast Agreement）以來，居民之間雖然偶有零星衝突，但未再發生愛爾蘭共和軍（IRA）或新教徒激進派的恐怖攻擊。《貝爾法斯特協議》共有11項條約，其中被認為最重要的一項是，唯有經過北愛

Blair, Anthony Charles Lynton
布萊爾
(1953～)
政治家

Cameron, David William Donald
卡麥隆
(1966～)
政治家

爾蘭選民的多數同意，才能進行北愛爾蘭在政治體制上的地位變更。

另一方面，大衛·卡麥隆所面臨的傳統與和平課題，則與移民和伊斯蘭極端主義有關。卡麥隆在競選政見中提出要以數萬人為單位來降低移民人數，然而透過移民入境人數和出境人數的差值所得出的淨移民人數卻不減反增，甚至多出了20萬人。之所以會出現這樣的結果，無疑是因為有太多雇主需要移民來補充人力，因此卡麥隆政權勢必得搭配強化管制以外的配套措施。

關於伊斯蘭極端主義方面，移民第二代與第三代回歸伊斯蘭教的現象愈發明顯。在英國土生土長的這些年輕世代浸淫於極端主義思想，繼而引發恐攻的事例也有所增加。在伊斯蘭國據點接受完訓練者，回到英國執行恐攻或招兵買馬的危險性亦大增。卡麥隆政權除了祭出入境管理對策外，還制定了加強監視可疑人物的方針。

另外在軍事方面，卡麥隆認為未來幾年不至於出現外敵威脅，但由於國際情勢往往存在著許多難以預料的部分，因此明確展現出保有核武戰力的態度。雖說歐洲各國引爆戰爭的可能性近乎於零，但英國也有自己的面子要顧。必須拿出態度讓全世界看見英國並非只會倚賴美國鼻息。

搭載核導彈的核動力潛艦有助於維持嚇阻力。

DATA

2001年以降 英國所發生的重大事件

'01	2月／爆發口蹄疫。撲殺370萬頭家畜 7月／北愛爾蘭首相對愛爾蘭共和軍提出抗議後辭職
'02	9月／15萬人於倫敦發起反對攻擊伊拉克的集會 10月／恢復北愛爾蘭的直轄統治
'03	7月／涉嫌操作有關伊拉克戰爭情報的前國防部顧問自殺 9月／上議院廢除世襲貴族議員制度
'05	3月／通過《恐怖主義預防法案》 7月／倫敦發生連環爆炸案
'06	8月／發生跨大西洋航機恐怖襲擊陰謀
'07	9月／自巴斯拉（Basra，伊拉克南部都市）撤軍
'09	10月／最高法院與上議院分離獨立
'11	8月／抗議警察開槍射殺黑人，因而引發暴動
'12	7月／倫敦奧運開幕
'13	10月／時隔30年決議新建核能發電廠
'14	9月／公民投票否決蘇格蘭獨立
'15	4月／倫敦珠寶店街的保險箱遭竊，損失2億英鎊（新台幣94億元）

COLUMN

以行動證明英國也是能實現夢想的國度

開創新時代並充滿創意的實業家

想要一台品質好，方便好用的吸塵器，就算價格貴一點也無所謂。有名男子從這個想法中獲得靈感，事業大獲成功；有名男子則從販賣中古唱片起家，生意愈做愈大，甚至跨足太空事業。

就如同美國有「美國夢」一般，現代英國也有憑藉著個人的才能與努力，白手起家並且坐擁財富的成功人物。最有名的例子莫過於詹姆士・戴森與理查・布蘭森。

戴森於倫敦藝術大學與英國皇家藝術學院攻讀室內設計，後來改念工程學。他以發明和創業為目標，不斷摸索與反覆嘗試，在1978年的某一天發現吸塵器的吸力減弱。拆解一看才知道原來是集塵袋被灰塵髒汙堵塞。雖然得知原因，但他當下並未想出任何解決對策。

戴森為此動腦思考了一段時間，直到看到製材廠的屋頂用來過濾木屑與空氣的氣旋裝置，才終於獲得了靈感，心想或許這項裝置也能應用在吸塵器上。

接著經過5年的歲月及5127台試作品，戴森終於開發出全球第一台氣旋吸塵器。他將這項產品取名為G-Foce，並選擇日本作為最初的販售地點。當時一台售價高達20萬日圓左右，但因為性能獲得消費者認同而成為熱賣商品。戴森利用這筆銷售所

Dyson, Sir James
戴森
(1947～)
發明家・實業家

Branson, Sir Richard Charles Nicholas
布蘭森
(1950～)
實業家

得成立戴森公司並擴大銷售網，在事業上獲得極大的成功。

另一方面，布蘭森深受閱讀障礙所苦，在高中時選擇輟學，出於興趣而做起了中古唱片的郵購生意，並且經營得有聲有色。他以這份收入成立了維京唱片（Virgin Record）公司。不但營運蒸蒸日上，一轉眼已經成長為英國具代表性的唱片公司。

布蘭森並未就此停下腳步，持續拓展他的事業版圖。他在1984年成立維珍航空公司（Virgin Atlantic Airways）正式進軍航空業。從倫敦至紐約的單一航線起步，領先全球在經濟艙座位設置電視螢幕，並不斷引進嶄新的服務來吸引顧客，逐步擴大航線與航班數。

光靠音樂產業與航空產業便能獲得龐大利益的布蘭森，運用這些資金進一步發展事業。從手機經銷到鐵路經營，將觸角延伸至各領域，不過最蔚為話題的是進軍太空旅行事業的消息。事業主軸為開發能重複使用的太空船，為有錢有閒的民間人士安排太空旅行。預估將來會有很大的成長空間，前景看漲。

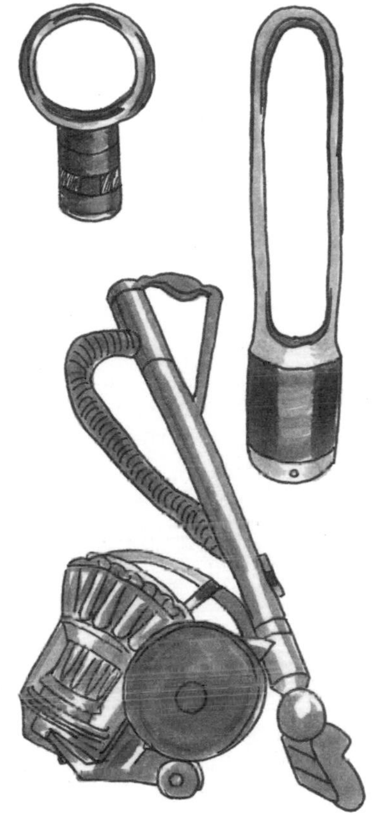

電風扇（左上）、電暖器（右上）、吸塵器（下）。

維珍集團的事業觸角多元，跨足各大產業與各種業務。

結語——如何看待英國史

該如何看待歷史呢？以日本史為例，可依序分為繩文、彌生、古墳直至明治、大正、昭和各時代的發展與過程，抑或以天皇主政↓貴族主政↓武士主政來區分時代與發展。除此之外，還能以聖德太子或織田信長等傑出人物，以及透過保元之亂或大政奉還等重大事件作為起點來加以探討。甚至還可以單純將焦點鎖定在治亂興亡，或從建築物、藝術作品、經濟方面切入也不無可能。

相對於此，英國人是如何看待英國歷史的呢？接下來就以近代著名的歷史學家為例，為各位讀者略做介紹。

首先想跟大家分享的是，因為《羅馬帝國衰亡史》而廣為人知的吉朋（Edward Gibbon）。這本書因其鞭辟入裡的歷史考察與優美流暢的文筆，而被譽為不朽的名著。遺憾的是，吉朋並未留下有關英國史的完整著作，若他曾執筆的話，不知會提出何種見解。畢竟英國與羅馬不同，未經歷過滅亡，因此應該會有不同的觀點吧。

19世紀則出現了一位名叫湯恩比（Arnold Toynbee）的傑出人才。他亦是一名參與社會改革運動的經濟學家，在牛津大學教授經濟史時，提出「工業革命」的概念。他認為這會對社會與經濟帶來巨大變化，因此以「革命」稱之，可謂再適切不過。這項概念廣為世間所接受，並沿用至今。附帶一提，他的姪子也是赫赫有名的歷史學家，留下概述全人類歷史的《歷史研究》這部全12卷的巨作。

稍晚於湯恩比而大為活躍的是卡爾（Edward Hallett Carr）與特里維廉（George Macaulay Trevelyan）。

卡爾亦是一名國際政治學家。任職於外交部時曾以英國代表團隨員身分參與巴黎和會。在第二次世界大戰中擔任《泰晤士報》社論主筆、戰後擔任聯合國《世界人權宣言》起草委員會委員長等職務，熟知國際政治的實際情況。以歷史學者角度所撰寫的《何謂歷史》一書，在日本亦相當有名。他在這本名著中針對當時蔓延於歷史學會的客觀性至上主義提出批判，在功過兩面的前提下，強力向讀者訴說主觀性分析的價值。

最後則是小卡爾4歲的特里維廉。他也無法適應當時將歷史學當成科學探討的風氣，選擇與大學體系保持距離，專心從事寫作活動。其代表作《英國史》與《英國社會史》不但是精彩動人的文學作品，而且內容相當多元，不只探討政治，還網羅了經濟與文化各種層面，因而受到廣大讀者群的喜愛。

從這些例子便可得知，光是近代就有各式各樣的歷史見解問世。衷心期盼本書能讓各位讀者在讀完後留下印象，獲得啟發。

島崎　晉

島崎 晉（Shimazaki Susumu）

1963年生於東京。立教大學文學院史學系畢業。畢業後曾任職於旅行社，後於出版社從事歷史雜誌的編輯工作。現以歷史作家的身分活躍於文壇，著作繁多。近作有《華麗英國貴族的101個謎》（暫譯，PHP Editors Group）、《往回追溯更好懂的世界宗教紛爭》（暫譯，廣濟堂出版），中文譯作則有《倒著看的世界史》（商周出版）。

【日文版工作人員】

漫畫・插圖　宮下やすこ
插圖　茶谷順子
內文設計&DTP　Y's Factory
編輯協力　古田靖
編輯製作　風土文化社

●參考文獻

樺山紘一編《ヨーロッパ名家101》、小池滋等編《イギリス史重要人物101》（以上為新書館）、長谷川輝夫等《ヨーロッパ近世の開花》、五十嵐武士等《アメリカとフランスの革命》、谷川稔等《近代ヨーロッパの情熱と苦悩》、森護《英国王室史話》《スコットランド王国史話》（以上為中公文庫）、猿谷要《物語アメリカの歴史》、臼井隆一郎《コーヒーが廻り世界史が廻る》、君塚直隆《物語アイルランドの歴史》《ヴィクトリア女王》《物語イギリスの歴史》、伊藤章治《ジャガイモの世界史》、角山栄《茶の世界史》、阿部重夫《イラク建国》（以上為中公新書）、今井宏《絶対君主の時代》、中山治一《帝国主義の開幕》（以上為河出文庫）、田中亮三著・増田彰久攝影《図説英国貴族の城館》、上野格等編著《図説アイルランド》、石井美樹子《図説イギリスの王室》、指昭博《図説イギリスの歴史》（以上為河出書房新社）、小林章夫《イギリス貴族》《イギリス王室物語》《イギリス名宰相物語》、青木道彦《エリザベス1世》、浅田實《東インド会社》、松井良明《近代スポーツの誕生》、川北稔《イギリス近代史講義》（以上為講談社現代新書）、国原吉之助譯《ガリア戦記》、小林章夫《コーヒー・ハウス》（以上為講談社學術文庫）、Nancy Green著・明石紀雄監修《多民族の国アメリカ》、山田勝《イギリス貴族》（以上為創元社）、川北稔編《イギリス史》、半田元夫等《キリスト教史 I・II》、松本宣郎編《キリスト教の歴史 1》、福井憲彦編《フランス史》、木村靖二編《ドイツ史》、紀平英作編《アメリカ史》（以上為山川出版社）、近藤久雄等編著《イギリスを知るための65章》、富田虎男等《アメリカの歴史を知るための62章》（以上為明石書店）、近藤和彦《イギリス史10講》（岩波新書）、国原吉之助譯《タキトゥス年代記》（岩波文庫）、川北稔《砂糖の世界史》（岩波junior新書）、佐藤賢一《英仏百年戦争》（集英社新書）、植村雅彦《エリザベス1世》（教育社歴史新書）、山上正太郎《チャーチルと第二次世界大戦》（清水新書）、杉晴夫《天才たちの科学史》（平凡社新書）、Grant, R. G.等著・田口孝夫等譯《ビジュアル版 イギリスの歴史》（東洋書林）、熊田亨譯《ツタンカーメン発掘記》（筑摩學藝文庫）、川北稔等監修《最新世界史図説 タペストリー》（帝國書院）、《月刊 たくさんのふしぎ・1994年2月号》（福音館書店）、《学研の図鑑 人物世界の歴史③、④》（學研）、樺山紘一監修・Francois Tremolieres編《図説 ラルース世界史人物百科 II、III》（原書房）

超圖解英國史

從政經外交到藝術文化，全方位了解大不列顛兩千年

2022年 9 月1日初版第一刷發行
2023年 2 月1日初版第三刷發行

作　　者　島崎 晉
譯　　者　陳姵君
主　　編　陳正芳
美術編輯　黃瀞瑢
發 行 人　若森稔雄
發 行 所　台灣東販股份有限公司
　　　　　＜地址＞台北市南京東路4段130號2F-1
　　　　　＜電話＞(02) 2577-8878
　　　　　＜傳真＞(02) 2577-8896
　　　　　＜網址＞http://www.tohan.com.tw
郵撥帳號　1405049-4
法律顧問　蕭雄淋律師
總 經 銷　聯合發行股份有限公司
　　　　　＜電話＞(02) 2917-8022

國家圖書館出版品預行編目資料

超圖解英國史：從政經外交到藝術文化，全方位了解大不列顛兩千年 / 島崎晉著；陳姵君譯. -- 初版. -- 臺北市：臺灣東販股份有限公司, 2022.09
208面；14.8×21公分
譯自：マンガでわかるイギリスの歴史：一気に読み解く！世界史を変えた人物列伝
ISBN 978-626-329-413-4（平裝）

1.CST: 英國史

741.1　　111011926